ÉMILE GALTIER

HISTOIRE DES PAROISSES

DE

SAINT=MAUR=DES=FOSSÉS

Depuis les origines jusqu'à nos jours

SAINT-NICOLAS - SAINT-HILAIRE

PAROISSES NOUVELLES

PARIS

LIBRAIRIE ANCIENNE ÉDOUARD CHAMPION, ÉDITEUR

LIBRAIRE DE LA SOCIÉTÉ DE L'HISTOIRE DE PARIS
ET DE LA SOCIÉTÉ DE L'HISTOIRE DE FRANCE

5, QUAI MALAQUAIS, 5

1923

HISTOIRE DES PAROISSES

DE

SAINT = MAUR = DES = FOSSÉS

DU MÊME AUTEUR

Histoire de Saint-Maur-des-Fossés, depuis les origines jusqu'à nos jours. *L'Abbaye, le Château, la Ville.* — Paris, librairie ancienne Édouard Champion, éditeur, 5, quai Malaquais, Paris, 1913. In-8, d'environ 360 pages, gravures et plans.

Le Tour de Marne, historique et pratique. Volume de 32 pages in-16. Edition de l'*Union Régionale*, à Saint-Maur-des-Fossés (Seine).

EN PRÉPARATION

Histoire de Saint-Maur-des-Fossés, 2ᵉ édition, revue, corrigée et augmentée.

ÉMILE GALTIER

HISTOIRE DES PAROISSES

DE

SAINT=MAUR=DES=FOSSÉS

Depuis les origines jusqu'à nos jours

SAINT-NICOLAS - SAINT-HILAIRE

PAROISSES NOUVELLES

PARIS

LIBRAIRIE ANCIENNE ÉDOUARD CHAMPION, ÉDITEUR

LIBRAIRE DE LA SOCIÉTÉ DE L'HISTOIRE DE PARIS
ET DE LA SOCIÉTÉ DE L'HISTOIRE DE FRANCE

5, QUAI MALAQUAIS, 5

1923

Introduction

*Au cours de nos recherches historiques nous avons eu l'avantage
d'exhumer une foule de documents inédits que les limites de notre
plan ne nous ont pas permis d'utiliser dans notre* Histoire de
Saint-Maur-des-Fossés (1). *Nous nous étions imposé, en publiant
cet ouvrage, l'obligation de nous restreindre pour faire surtout
œuvre de vulgarisation auprès d'un plus grand nombre de lecteurs.*

*Cette première publication ayant reçu un accueil flatteur, c'est
pour nous un encouragement à la compléter par cette autre qui
fait état de documents précieux, fruit de longues études et que
nous ne pouvons nous résoudre à laisser retomber dans l'ombre
après avoir goûté la joie intime de les mettre au jour. D'ailleurs,
tout n'est qu'ébauche dans notre* Histoire de Saint-Maur. *Les faits
qui s'y rapportent sont si nombreux, si intéressants, qu'on pourrait
en reprendre chaque chapitre pour en écrire tout un nouveau
volume. Celui des* Églises et Paroisses, *plus particulièrement,
mérite, par le nombre et l'intérêt des documents historiques qui s'y
rattachent, de plus amples développements. C'est le but que nous
nous sommes proposé en publiant ce nouvel ouvrage.*

*Nous évoquerons la vie publique de la communauté appelée
la* paroisse, *avant d'être devenue la* commune ; *de cette collectivité*

---

(1) Histoire de Saint-Maur-des-Fossés, *depuis les origines jusqu'à nos
jours.* L'Abbaye, Le Château, La Ville. *Librairie ancienne, Édouard Champion,
5, quai Malaquais, Paris. — Nos lecteurs trouveront dans cet ouvrage les
développements nécessaires pour l'intelligence de cette monographie.*

humaine soumise à la même loi, à la même foi, groupée autour de l'église qui fut la maison du peuple, avant la mairie; et nous suivrons dans tous ses détails cette vie religieuse si intéressante, si intimement liée à la vie civile et à l'administration royale sous l'ancien régime.

Nous décrirons l'église Saint-Nicolas, dernier vestige de la flore architecturale qui s'épanouissait à Saint-Maur au temps de l'Abbaye et du Château.

L'église c'est le passé qui demeure; c'est un livre d'histoire où les érudits retrouvent, en remontant le cours des siècles, l'âme fervente, les conditions morales de la vie de nos pères. C'est le poëme des arts, des choses mortes et des lointains souvenirs. Les hommes ont de tous temps fait appel à leur intelligence et à leur cœur pour orner les temples de Dieu. L'or, les pierreries, la sculpture, la peinture, la musique, les cérémonies, ont éveillé dans l'âme du peuple les premières notions du beau et du bien. Le clocher de l'église se dresse au-dessus du village comme l'éternel témoin des vicissitudes humaines; c'est lui qui parle aux fidèles. Le carillon de ses cloches annonce tous les actes de la vie publique et privée; il sonne joyeusement les naissances, il carillonne les mariages; il pleure lentement les morts. Au pied de ce géant de pierre les générations passent et se succèdent sans arrêt dans leur marche à la tombe. Les ambitions, les trônes, tout croûle autour de l'église qui reste debout, comme bâtie pour l'éternité, perpétuant la mémoire de ceux qui l'élevèrent par un miracle de génie, de foi, de générosité en des temps de pauvreté et de troubles.

Nous exposerons, enfin, l'histoire des deux paroisses qui, de temps immémorial et jusqu'à la Révolution, se partageaient le territoire de la presqu'île, en commençant par celle de Saint-Nicolas, moins ancienne et moins étendue que celle de Saint-Hilaire de La Varenne, mais plus importante au point de vue du nombre des paroissiens et des documents historiques.

Nous y ajouterons, pour être complet, l'origine et la description des chapelles de secours qui sont devenues, depuis la loi dite de séparation des Églises et de l'État, du 9 décembre 1905, le siège d'importantes paroisses nouvelles.

Nous avons, le plus possible, reproduit le texte même des documents originaux, afin de donner à notre œuvre plus de couleur et plus d'autorité. Par les références nombreuses que nous avons placées en renvoi, nous avons voulu que cet ouvrage devienne un instrument de travail pour les chercheurs qui auraient à compléter ou contrôler leur documentation aux sources sûres de nos Archives nationales.

On ne trouvera ici nulle trace de passion politique ou religieuse. Guidé par le culte de la vérité, nous avons eu pour but de faire œuvre de conscience, de bonne foi. A défaut d'autre mérite, cet historique aura du moins celui de nous avoir fourni l'occasion de publier une foule de documents inédits que ni l'abbé Lebeuf, ni tout autre avant nous n'avait eu le bonheur d'exhumer ; et, en même temps, de nous permettre de rectifier quelques erreurs qui se sont glissées dans notre œuvre comme dans celles de nos prédécesseurs.

É. GALTIER.

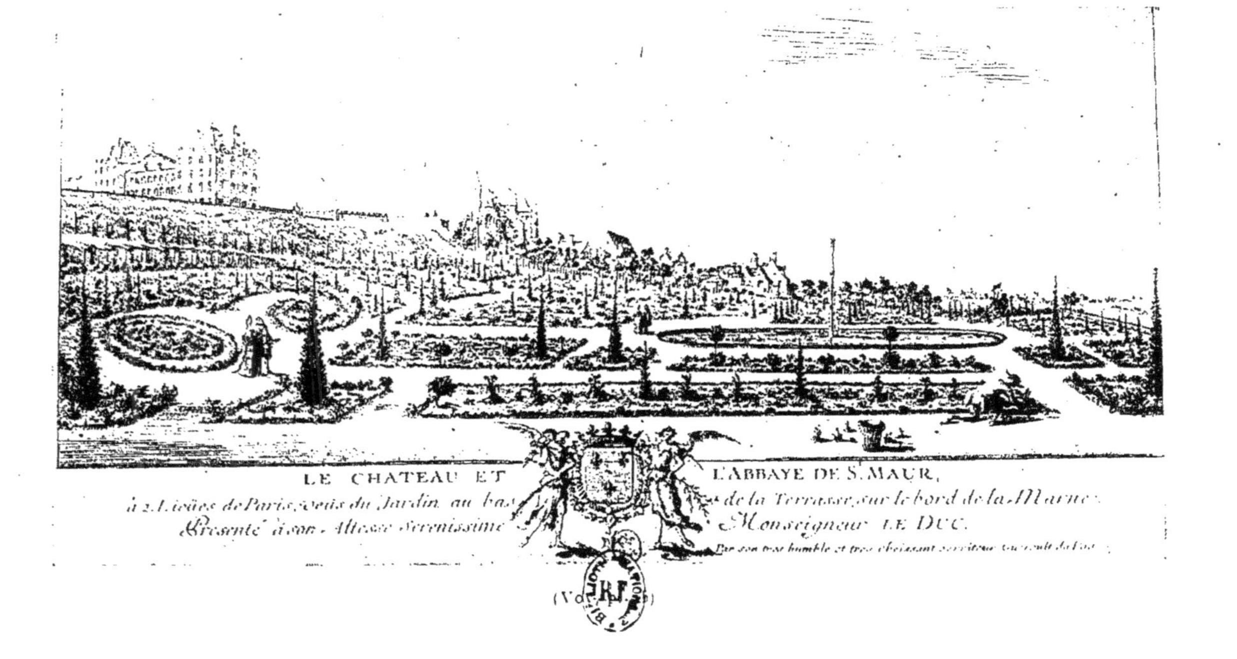

LE CHATEAU ET L'ABBAYE DE S. MAUR,

à 2 Lieües de Paris, vûs du Jardin au bas de la Terrasse, sur le bord de la Marne.

Présenté à son Altesse Serenissime Monseigneur LE DUC.

Par son très humble et très obeissant serviteur ....

CHAPITRE I

PAROISSE SAINT-NICOLAS

(DES ORIGINES AU CONCORDAT)

La ville de Saint-Maur est entourée par la rivière de Marne qui, dans son cours sinueux, décrit une dernière presqu'île.

Topographie. Avant de se jeter dans la Seine, à Charenton, la Marne forme un circuit de treize kilomètres et délimite ainsi cette presqu'île sablonneuse qui n'est reliée au plateau de Gravelle ou de Vincennes, que par un isthme assez étroit. Cette particularité géographique a dominé et déterminé, pour ainsi dire, le sort de notre cité.

L'histoire de cette presqu'île est des plus intéressantes. Des peuples pasteurs, chasseurs, pêcheurs, cultivateurs, conquérants, s'y sont fixés dans leurs migrations et son territoire est ainsi devenu successivement station préhistorique, forteresse romaine, abbaye bénédictine, place de guerre, château royal, baronnie des Bourbons-Condé et grande ville moderne.

De toutes ces phases de son occupation il reste des documents paléolithiques, des légendes et des archives.

Des haches, des dolmens, une sépulture de l'âge de la pierre taillée y ont été trouvés. Celle-ci est au musée de Cluny.

Un véritable cimetière gaulois avec armes, armures, squelettes, dont les restes sont au musée de Saint-Germain, fut mis à jour à Adamville, rues de Bellechasse et de Rocroy.

2

Plus tard, les Romains, pendant là conquête des Gaules, se fortifient dans la presqu'île dont ils défendent l'entrée par une forteresse protégée à l'ouest, du côté des *Parises*, par un fort mur et un large fossé reliant la Marne supérieure à la Marne inférieure.

Station gauloise ou forteresse romaine, la presqu'île fut vraisemblablement reliée à Lutèce par une piste d'abord et plus tard une route romaine dont nous allons exposer les vicissitudes.

Lutèce n'était alors qu'une bourgade contenue dans l'île de la Cité. Une voie sur chaussée partait du Châtelet et venait à l'emplacement de la Bastille à travers des marais et des terres basses que la Seine inondait au loin.

De là une route en ligne droite reliait Lutèce à *Fossatus*, ainsi s'appelait le village au début des temps historiques, à cause de son large fossé. On a trouvé dans le bois de Vincennes des vestiges (ciment et briques) de cette antique voie.

Le plus ancien chemin passait par la rue de Charenton, traversait le ruisseau de Montreuil « en la vallée de Fécamp » sur un petit pont de bois appelé « la Planchette », pénétrait dans le bois de Vincennes en laissant le lac Daumesnil à droite et se poursuivait à travers le bois, pour rejoindre la rue de Paris actuelle, à Joinville. Les rues de Fécamp et de la Planchette (Paris) perpétuent le souvenir de cette voie qui était commune jusqu'à un certain point, avec le chemin de Charenton, ou route de l'est, passant par le pont de Charenton.

Après la fondation du château de Vincennes, simple maison d'abord que Philippe-Auguste, en 1183, fit entourer d'un parc clos de murs, et les agrandissements successifs de ce dernier, le chemin de Paris à Saint-Maur fut rejeté vers le plateau de Gravelle.

Les anciennes murailles du parc de Vincennes passaient à la gare de Fontenay, au carrefour de Beauté, puis revenaient vers Saint-Mandé, laissant libre une grande partie de ce qu'on appelle aujourd'hui le *Camp de Saint-Maur*, parce que les terres des cultivateurs de Saint-Maur s'étendaient jusque-là.

En 1658, le roi acquit toutes ces terres et porta les limites de son parc jusqu'aux maisons du hameau de la Branche du Pont de Saint-Maur (Joinville) et à l'extrémité du plateau de Gravelle. On voit encore une partie des murs de cette enceinte derrière les maisons de la rue du Pont à Joinville, et le long du chemin de fer de Vincennes. La porte de Saint-Maur s'ouvrait à l'empla-

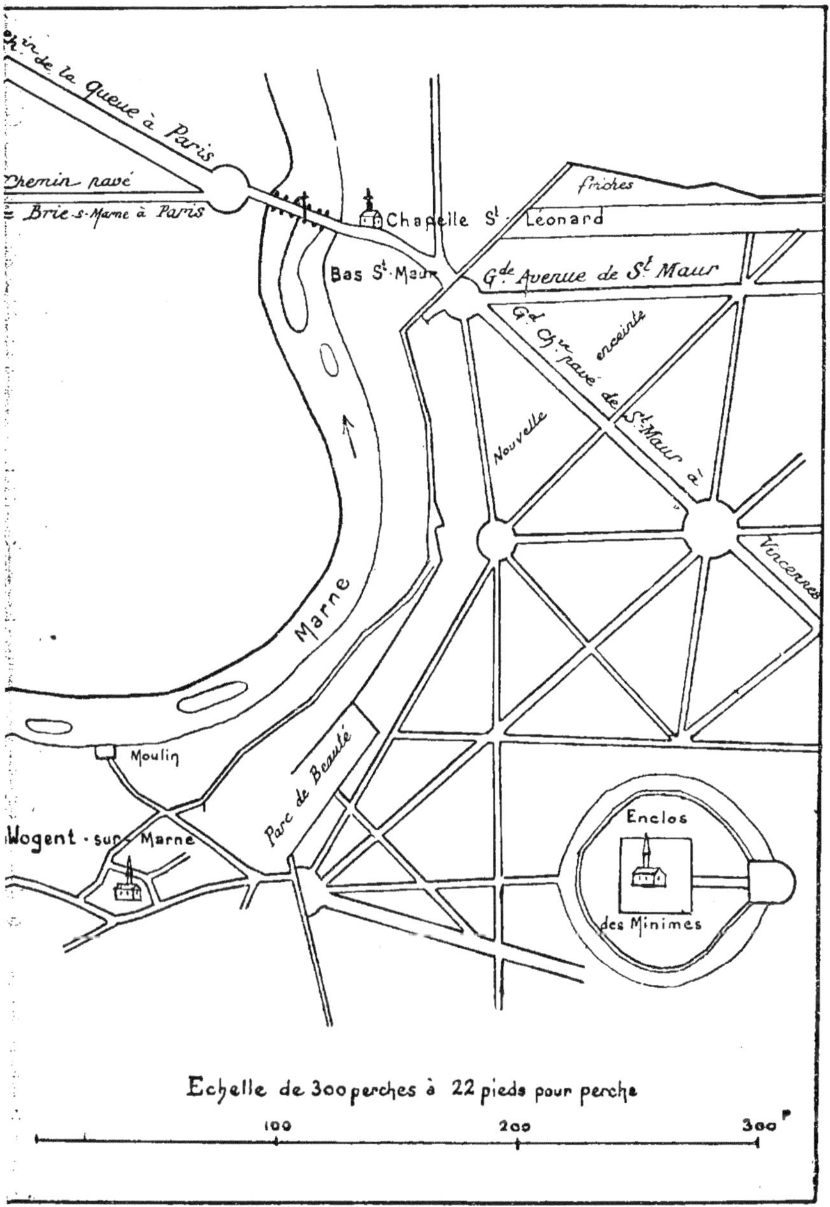

Extrait d'un plan du bois de Vincennes, appartenant à M. Morel d'Arleux,
de la Queue-en-Brie (Seine-et-Oise)

cement de la gare. De là les murs de clôture rejoignaient le plateau de Gravelle, puis suivaient le rebord de ce plateau jusqu'à Charenton.

La physionomie de ce plateau ne date que de 1858-1860. Cinquante hectares de terrain furent aliénés à la compagnie de Vincennes pour l'établissement du chemin de fer et l'Empire en profita pour entreprendre le creusement des lacs et l'embellissement du bois. Les terres provenant de ces divers travaux furent jetées dans le talus de l'ancienne carrière royale jusqu'à la route pavée de Saint-Maurice par laquelle était évacuée la pierre. Ajoutons que c'est de là que furent extraites les pierres employées par Louis XV à la construction du petit château de Mme de Pompadour, à Choisy-le-Roi (1).

En 1738, on avait construit, entre Charenton et Saint-Maurice, une terrasse qui existe encore en partie et qui servit plus tard d'hippodrome pour les premières courses de chevaux introduites d'Angleterre en France.

La nouvelle clôture de 1658 indisposa beaucoup les habitants de Saint-Maur qui durent emprunter le chemin de Saint-Maurice « plus long d'une grande lieue » (2). Seul, Monseigneur le duc de Bourbon conserva une voie à travers le bois de Vincennes, de la *porte de Charenton* à la *porte de Saint-Maur*.

Par contre, les habitants des paroisses lésées (Fontenay, la Pissotte, Nogent, Saint-Maur) conservèrent le droit qu'ils tenaient de temps immémorial d'envoyer paître leurs vaches dans le bois de Vincennes, moyennant un droit payé au fermier de la Ménagerie et quinze deniers par mois aux portiers « pour leurs salaires et peine d'ouvrir les portes pour y laisser entrer les vaches et tenir lesdites portes fermées pour les empêcher d'en sortir » (3).

Les habitants jouirent de ce droit jusqu'à la publication d'un arrêté du Comité de Salut public, en date du 21 germinal an III, qui défendait l'entrée de toutes espèces de bestiaux dans les parcs de Boulogne, Vincennes et Saint-Mandé. On avait voulu par là empêcher les attroupements et les dévastations (4).

---

(1) Arch. nat., Q^1 1087 et 1088. Plan de la nouvelle enceinte du parc de Vincennes (1780).

(2) Arch. nat., Q^1 1082^4 fol. 301.

(3) Arch. nat., E 721 n° 216. Arrêt du Conseil du 27 juin 1702.

(4) Arch. nat. F^{ic} III série 16.

Ce chemin de Paris à Saint-Maur passait vers le fort de Gravelle. Non loin de là s'élevait autrefois une maladrerie, sur l'emplacement de laquelle n'existait, en 1658, qu'une croix dite de Saint-Maur.

On pouvait dès lors atteindre le village par deux voies. Celle de droite passait devant la chapelle de Presles, rejoignait la route pavée de Saint-Maurice et pénétrait dans Saint-Maur par la *porte de Presles* (rue du Four). Celle de gauche menait à la *porte de Beaubourg*, par la rue de Paris actuelle.

Parfois les piétons coupaient en biais, du plateau de Gravelle à la rue de Paris, en traversant le terroir dit des *Cliquettes* (1), planté en vignes. Ils parvenaient ainsi à l'intersection des rues de Paris et de Créteil, lieu dit *le Couppeoreilles*, ou l'on exécutait les sentences condamnant les voleurs à avoir les oreilles coupées.

On entrait généralement au village par la rue de *Beaubourg*, plus tard, de la *Poste* et de *Paris*, et par la *porte de Beaubourg*. Notre rue de Beaubourg actuelle s'appelait rue *Poitevine* ou *impasse de Beaubourg*.

Avant de franchir la porte, on pouvait admirer l'imposant appareil militaire du village, ses hautes murailles à contreforts, au-dessus desquelles se profilaient de vieux hôtels, entourés de grands arbres, avec des terrasses d'où la vue embrassait un large espace. Saint-Maur justifiait bien le qualificatif de *Beaubourg* qui lui fut donné à l'époque de la Renaissance.

Entrons par la rue de Paris, comme les rois et les pèlerins qui venaient y faire leurs dévotions ou demander la guérison de la goutte et de l'épilepsie. Remarquons ces maisons, ces masures lépreuses adossées les unes aux autres, couronnant la butte en dessinant des rues étroites qui conservent encore l'aspect et la topographie du berceau de notre ville. C'est un coin du département qui a connu une vie religieuse intense, une gloire bruyante avec les Valois et une tranquillité relative avec les Bourbons. Beaucoup de ces maisons sont des témoins vénérables des xivᵉ, xvᵉ et xviᵉ siècles.

Au sommet de la *Butte*, voici une place exiguë, au chevet de la vieille église Saint-Nicolas ; c'est la *place de l'Église*.

A gauche, le chemin qui plonge vers la Marne conduisait à l'*Abbaye* et à l'*Abreuvoir* du village. Le portail de l'*Église abbatiale* s'ouvrait au fond de l'impasse du Jeu-de-l'Arc, et la porte

---

(1) Sortes de castagnettes que les lépreux devaient agiter sur leur passage.

de la *chapelle Notre-Dame-des-Miracles*, à gauche. La porte d'entrée de l'*Abbaye* était située vers l'impasse de l'Abbaye. Le système de défense du monastère comprenait des fossés avec un pont-levis, des murailles avec tours, le tout relié à l'enceinte du village.

Pour aller au *Château*, on suivait la chaussée en pente qui mène aujourd'hui au jeu de boules, parallèlement à l'impasse du Jeu-de-l'Arc. De la place, la vue du château était masquée par un rideau de maisons, car l'avenue de Condé ne date que de 1860; mais on pouvait s'y rendre également par la rue *aux Vaches*, plus tard de la *Pelouse*, qui conduisait au pâquis communal et qui est aujourd'hui la rue *Mahieu*, en traversant en biais la *plouʒe* ou place des Ormeaux située en avant de la cour du château.

Devant l'entrée de l'église se trouve la place d'*Armes*, centre de toute la vie populaire de la cité : le marché, la fête locale, les assemblées révolutionnaires et sur laquelle aboutit la principale voie publique de l'ancien village, la rue du *Four*.

Du château dont nous venons de parler, rien ne subsiste que la terrasse artificielle créée en partie par Philibert Delorme, et du haut de laquelle on jouissait d'une vue admirable sur Nogent, Villiers, Champigny, Chennevières, à quelques pas de la Marne qui coulait à ses pieds « sur un sable d'or », d'après l'abbé de Chaulieu. De l'Abbaye, il ne reste plus que quelques vestiges de l'église et du cloître et une tour d'enceinte, assez bien conservée, que la municipalité vient d'acquérir pour l'aménager en un musée local.

Au delà du *Bourg* et du *Château*, la vue s'étendait sur un parc et une plaine peu fertile, s'étalant sans obstacle jusqu'au minuscule village de Saint-Hilaire.

Voilà, en quelque sorte, le fil d'Ariane que nous livrons à nos lecteurs pour suivre commodément les développements de cette monographie.

Ce que nous savons de l'ancien village depuis les temps les plus reculés a été étudié dans notre *Histoire de Saint-Maur-des-Fossés*. Nous y reviendrons brièvement pour la claire intelligence de ce qui va suivre.

Origines. Castrum Bagaudarum.

Un auteur du xie siècle assure que César, lors de la conquête des Gaules, construisit là une forteresse et que c'est à la suite d'oppressions intolérables que des paysans ou des soldats gaulois, appelés *Bagaudes*, se révoltèrent et, fortifiés dans la citadelle, faillirent mettre l'Empire en péril. C'est là que fut écrasée la rébellion, dans ce lieu que la tradition populaire s'obstinait à appeler *Castrum Bagaudarum*, le champ ou camp des Bagaudes.

Comme cet épisode de la lutte pour l'indépendance gauloise est le fait le plus important de notre histoire, il convient de nous y arrêter longuement. Une récente étude de M. Camille Jullian, professeur au Collège de France, nous donnera l'occasion d'exposer les résultats de nos recherches personnelles et d'appuyer une légende que le savant professeur croit pouvoir combattre ou expliquer par une déformation appartenant à la toponymie du folklore (1).

Les sources les plus anciennes de notre histoire locale sont de deux ordres :

1° Les chartes de fondation de l'Abbaye, de confirmation de ses droits ou privilèges, et des lettres ou bulles s'y rapportant. Cette série va de 638 au xıᵉ siècle.

On a dit que ces documents doivent être considérés comme peu sûrs, apocryphes ou ayant subi des altérations, des interpolations. Néanmoins, comme le remarque C. Jullian, ils contiennent un bon nombre d'éléments contemporains de la fondation du monastère. C'est également l'opinion de Giry (*Manuel de Diplomatique*) qui reconnait que la *Vie de saint Babolein* nous a conservé le texte ou la substance de plusieurs diplômes de l'Abbaye de Saint-Maur-des-Fossés.

2° La *Vita Sancti Babolini*, vie de saint Babolein, premier abbé de ce lieu, écrite par un moine anonyme, vers l'an 1060 ou 1080.

C'est ce religieux qui nous a transmis la relation du soulèvement et du massacre des Bagaudes et nous a donné les détails les plus précis, les plus circonstanciés sur cet événement important et sur l'origine de la forteresse romaine, berceau de notre ville.

En l'an 638, un pieux ecclésiastique de Paris, nommé Blidegesile, cherchant un endroit solitaire propre à y fonder un monastère, jeta les yeux sur la boucle de la Marne dont le territoire appartenait au domaine royal. A ses sollicitations, Clovis II accorda les terres nécessaires et un petit couvent dédié à la Vierge et à Saint-Pierre et Saint-Paul s'éleva en ce lieu (2).

---

(1) Voir *Revue des Études anciennes*, tome XXI!, nᵒ 2, notes gallo-romaines *(Castrum Bagaudarum)* par C. JULLIAN.

(2) S. Dei genitrix Mariæ, ac S.S. Petri et Pauli principum apostolorum (Charte de Clovis II, 638).

Babolein en fut le premier abbé, de l'an 640 au 26 juin 670, date de sa mort généralement admise et qui nous a été transmise par des nécrologes.

Ce lieu n'était point tout à fait un désert malgré l'infertilité de son sol : *in loco deserto cujus vocabulum est Fossatus*, dit cependant l'évêque de Paris, Audebert, contemporain de la fondation. Il est même certain que des fermes ou des agglomérations s'y trouvaient puisque la charte de Clovis II, énumère dans l'acte de donation, ports, passages et moulins. Son texte, même, ne laisse aucun doute à ce sujet.

« ... *Une certaine terre qui consiste en un bourg du diocèse de Paris, à savoir, un château qu'on appelle Fossatus et que vulgairement on appelle le champ des Bagaudes, sis auprès de la rivière de Marne, qui a depuis son entrée jusqu'au fleuve de la Marne douze bonniers avec toute la terre qu'on appelle La Varenne qui est autour du château, que la Marne et l'eau des fossés environnent* » (1).

Faisons remarquer que l'auteur spécifie bien qu'en dehors du château, le reste du territoire de la presqu'île s'appelait *Warenna*, La Garenne ou La Varenne. Cette dénomination a prévalu dans son extension jusqu'au milieu du xviie siècle. Un document absolument sûr, permet d'affirmer que même le port de Créteil était, jusqu'à cette époque, un écart de la paroisse de Saint-Hilaire de La Varenne.

Voici maintenant quelle était l'origine de cette forteresse. C'est encore l'auteur de la *Vie de saint Babolein*, seul, qui va nous l'apprendre.

Vers l'an 53 avant J.-C., César allant à la conquête de Meaux par la rivière de Marne, partit de Sens et arriva à l'endroit où la Marne forme la presqu'île de Saint-Maur. Trouvant la position naturellement forte et commode, il y fit bâtir un château protégé par un fossé profond et un grand mur, du côté de Paris.

---

(1) ... Quàndam terram ex jure nostræ proprietatis in Parisiensi pago consistentem, illum videlicet castellionem, qui Fossatus dicitur, et quem vulgaris lingua castrum Bagaudarum appelat, super fluvium Maternæ situm, habentem ab introite suo usque in alveum ipsius Maternæ, buinaria duodecim, cum tota terra vocabulo Varenna, quæ est in circuitu ipsius castellionis, et quam Maternæ fluvius girat, et fossatus aquæ concludit sibimet concederemus. (Charte de donation).

La Charte de Blidegèsile, 640, reproduit les termes de la première et mentionne saint Babolein, abbé de l'ordre de Saint-Benoît.

Faisons remarquer que les *Commentaires de la Guerre des Gaules* de Jules César ne nous apprennent rien concernant l'hivernage des troupes romaines en ce lieu, et la construction de la citadelle que le biographe dit avoir été élevée pour tenir les Parisiens en respect, en les privant des vivres qu'ils pouvaient recevoir par la Marne.

Cette forteresse devait être reliée à Lutèce par une voie romaine en ligne droite. L'auteur de la *Vie de Carausius*, Génébrier (1750), dit qu'on a retrouvé dans le bois de Vincennes des traces de cette voie, consistant en un mastic de ciment, pierre et briques, mais il n'en précise ni l'endroit, ni la direction.

Mais revenons à la légende. Les Bagaudes, paysans ou soldats révoltés contre la domination romaine, s'emparèrent de ce château et en firent leur quartier général. C'est là qu'ils furent écrasés, vers l'an 286, par Maximien Hercule. Ce général y fit un cruel carnage, mettant tout au fil de l'épée, et rasa la forteresse de telle sorte qu'il n'y demeura que des fossés remplis des débris des tours et des murailles.

Voilà la légende. Essayons de l'interpréter.

Ces Bagaudes ont laissé peu de traces dans les œuvres anciennes. Ils étaient, dit Lavisse, le vieux fond gaulois résistant aux Romains et recruté de tous les hommes énergiques qui ne voulaient point subir la servitude.

L'auteur de la *Vie de saint Babolein* prétend qu'ils étaient chrétiens et que c'est à ce titre qu'ils furent persécutés et martyrisés. Il déplore qu'aucune relation de leur martyre ne soit parvenue jusqu'à son siècle.

Les auteurs anciens qui ont parlé de cette jacquerie galloromaine et de sa répression n'ont point indiqué le lieu ni même la province où l'événement se serait produit. Salvien, de Marseille, qui écrivait en 451, les représente comme des paysans opprimés, persécutés, chrétiens pour la plupart.

Les Bollandistes rattachent le martyre de saint Maurice et de la légion thébaine à cette répression. Saint Maurice et ses compagnons, apprenant qu'ils allaient combattre leurs frères chrétiens, se seraient mutinés au passage des Alpes et auraient été massacrés.

Remarquons tout d'abord qu'une église très ancienne, dédiée à saint Maurice, est bâtie non loin de là, sur le flanc du plateau de Gravelle. Est-ce en souvenir de la bataille où les Bagaudes chrétiens furent exterminés ? Remarquons également qu'au devant de la forteresse, où le combat dut probablement s'engager, sur le territoire de Joinville, on trouve, au cadastre et sur des documents

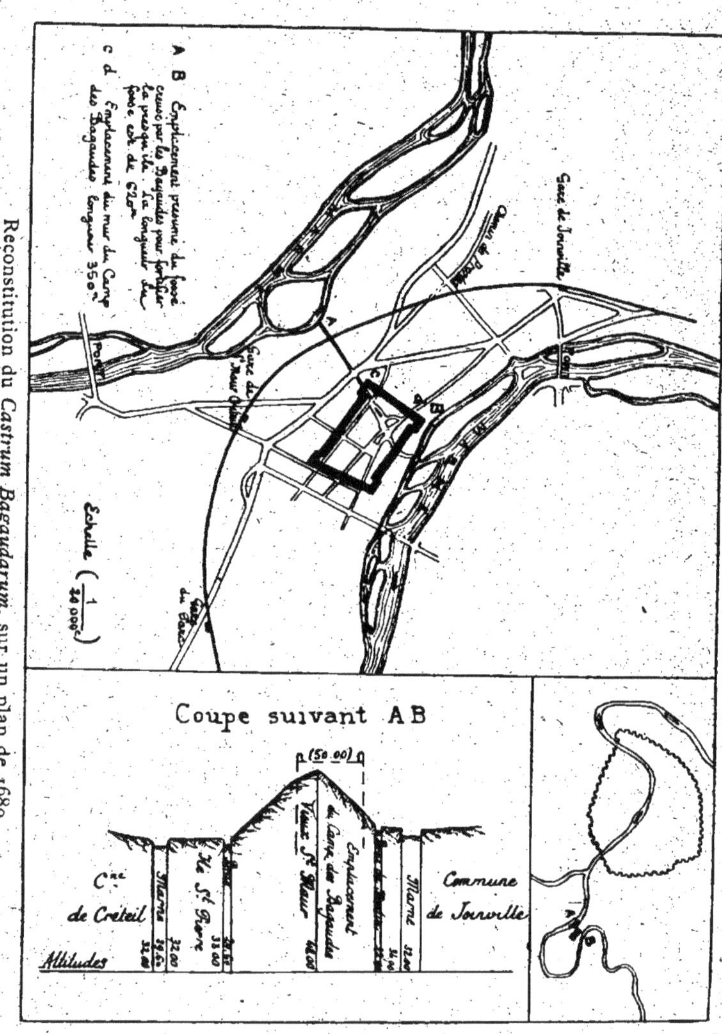

Reconstitution du *Castrum Bagaudarum*, sur un plan de 1680

très anciens, des lieux dits dont la terminologie est troublante. Entre la rue de Créteil et la rue Voisin c'est le lieu nommé *Le Presle,* de *prælium*, combat, peut-être. En outre, l'emplacement du souterrain du canal s'appelle les *Hauts-Fossés*. Une chapelle très ancienne, dédiée à Notre-Dame de Presles, était située au croisement de la rue du Canal et de l'ancien chemin de Presles. Ces mots rappellent-ils la bataille qui, vraisemblablement, dut avoir lieu en cet endroit ?

La ville prise, les Romains mirent tout à feu et à sang et firent une hécatombe des derniers défenseurs.

A défaut de documents écrits, a-t-on trouvé dans la presqu'île des sépultures nombreuses ou des armes de l'époque ?

Pierrart dit qu'on voyait autrefois de très nombreuses pierres levées sur le sol de La Varenne. Il y avait en effet de ces pierres, étrangères à la région, apportées là aux temps mégalithiques et dont quelques-unes, nommées les pilliers, sont, très probablement, l'origine du nom de l'antique ferme des Pilliers, située boulevard Voltaire, à La Varenne.

Nous avons dit qu'on a découvert tout un cimetière gaulois avec squelettes, armes et objets divers, à Adamville, rue de Rocroy. Mais ces corps et ces armes sont d'une époque bien antérieure aux gallo-romains du iiiᵉ siècle. On les trouvera dessinées ou énumérées dans notre *Histoire de Saint-Maur-des-Fossés*.

Enfin, des terrassiers, en creusant l'égout de la rue du Pont-de-Créteil, ont exhumé, près de la place de la Croix-Souris, des sarcophages en plâtre qu'ils ont cassés et dispersés sans prendre soin de les fouiller pour en retirer les débris de métal.

Précisément à cet endroit, un squelette vient d'être mis au jour dans la boutique d'un buraliste de tabac, en creusant une descente de cave. Le squelette était enfoui à 1 m. 60 environ, dans une couche de sable qu'on rencontre à 0 m. 60, mais aucune trace de bois ou de métal ne permettait d'en fixer l'âge approximatif. Rien ne permet, en tout cas, de voir là un reste de nos Bagaudes.

Nous croyons à l'existence en cet endroit d'un ancien cimetière mérovingien dont la distance des murs d'enceinte du village était de 100 mètres environ. Autrefois, en effet, les corps étaient inhumés dans des cimetières hors des cités, à flanc de coteau le plus souvent. Ce n'est que vers le viiiᵉ siècle que l'Église a placé les nécropoles auprès des temples. On conçoit que le bourg de *Fossatus,* ceint de murailles, ne disposant que d'une superficie de 16 hectares, ait dû placer les sarcophages de ses morts en dehors de la cité.

Le château comprenait, avec des bâtiments en ruines, sans doute, une enceinte fortifiée de douze bonniers de superficie, c'est-à-dire de 16 hectares d'après les plus sûres estimations.

Cette enceinte de 400 mètres de côté, en la supposant carrée, a des dimensions qui peuvent parfaitement s'adapter à l'emplacement actuel du vieux Saint-Maur. Nous préciserons ce point par la suite en nous efforçant de dégager les contours de la citadelle. En général, plusieurs cités se sont successivement élevées sur le même emplacement, surtout lorsque l'espace était limité par des murailles et les maisons mêmes se sont succédé sur le plan ancien, au bord des rues ou des chemins qui, souvent, datent du temps de la primitive fondation. Cette remarque est éminemment applicable au vieux bourg de Saint-Maur. Elle nous reviendra à l'esprit au moment où nous essaierons de restituer la cité romaine.

Les plus anciennes chartes ne nous apprennent rien sur cet événement militaire, qui eût dû laisser des traces profondes dans l'esprit de leur rédacteur. Elles notent que ce lieu s'appelait *Fossatus*, mais qu'il était le plus souvent désigné, par les paysans ignorants de l'époque, par cette expression : le *Champ des Bagaudes : quem ignara rusticitas Castellum vocat Bagaudarum.*

D'où il résulte que *Fossatus*, était l'appellation officielle, *Castrum Bagaudarum*, l'expression des gens du pays se servant de la langue vulgaire.

Mais M. C. Jullian en vient à mettre en doute que le drame même qui avait donné lieu à cette tradition populaire ait eu pour théâtre *Fossatus,* et cela est plus difficile à admettre.

Il est impossible de penser qu'un écrivain comme l'auteur de la *Vie de saint Babolein,* qui a travaillé avec des chartes authentiques et peut-être aussi des documents qui ne nous sont pas parvenus, dont l'œuvre dépréciée par Lebeuf et les *Bollandistes*, a été reconnue, sur certains points, contenir sous forme de narration le texte exact de chartes que nous connaissons, il est difficile, disons-nous, d'admettre que ce moine n'ait pas démêlé l'erreur historique — si erreur il y a — transmise par une aussi persistante tradition. Dans son œuvre, aucun doute ne se fait jour ; il affirme ; il ne met aucune insistance à affirmer, dans le récit limpide qu'il fait de ces événements. Enfin, il dit assez de choses et avec assez de précision pour qu'il soit possible de contrôler son œuvre à la lumière de découvertes éventuelles. Nous sommes convaincus que de simples sondages, sur l'emplacement présumé du fossé, mettraient au jour les ruines des tours et murailles que la fureur des légionnaires de Maximien y précipita.

Bref, il est donc certain que ce lieu s'appelait très anciennement *Fossatus,* le fossé. Une première remarque s'impose à l'esprit ; ce fossé était un ouvrage important pour avoir ainsi frappé l'imagination populaire, créatrice de la langue.

Sur ce point de l'existence d'un fossé barrant la presqu'île, le doute n'est pas possible. En admettant qu'il ait été en partie comblé par les ruines de la forteresse en 286, il était encore assez important en l'an 638, pour que le nom de *Fossatus,* se soit imposé, à ce moment, au rédacteur de la charte de fondation de l'Abbaye.

Bien plus, l'auteur de la *Vie de saint Babolein,* que nous n'avons aucune raison de suspecter sur ce point, dit que de son temps se voyaient encore de grosses pierres taillées en carré qui formaient la base du mur surplombant le fossé.

. Quelle était l'origine de cet ouvrage militaire ? Nous en sommes réduits aux conjectures. Les peuplades anciennes de la Gaule, en quête d'un abri pour leurs familles et leurs troupeaux, n'auront pas été sans remarquer le caractère défensif de la position, il leur aura suffi de barrer l'isthme par un fossé, surmonté d'une levée de terre et de pieux pour constituer un refuge sûr, facile à défendre. Les Romains, qui n'ont pas toujours innové en Gaule et se sont, par exemple, servis des chemins gaulois en les améliorant, auront sans doute remarqué l'avantage de cette position qu'ils auront utilisée en la fortifiant suivant leurs conceptions.

. Quoi qu'il en soit, l'existence du fossé est fortement étayée par l'idée de nécessité, pour qui connaît la topographie de Saint-Maur.

Où se trouvait donc ce fossé ? L'aspect des lieux et diverses considérations vont nous permettre d'en fixer l'emplacement. A l'entrée de Saint-Maur, près de l'octroi de la rue de Paris, le sol présente une dépression séparant pour ainsi dire nettement le territoire des deux communes de Saint-Maur et de Joinville, dépression qui est comme *une plaie, une coupure allant de l'eau à l'eau,* suivant l'expression imagée de l'auteur de la *Vie de saint Babolein.* Le fossé est là, ne peut être que là. Et voici comment notre conviction s'affermit.

Sans tirer argument du sentiment qu'exprime E. Lambin dans sa brochure consacrée aux *Origines de Saint-Maur-des-Fossés* (1873) (1) en disant que la première fois que, monté sur la colline,

____

(1) Ancien commissaire de police de Saint-Maur et de Vincennes.

il lui a été donné d'embrasser le pays environnant, il n'a pu s'empêcher de s'écrier : oui, c'est ici qu'était le *Camp des Bagaudes*, il est certain que le fossé est encore visible pour des yeux avertis. Cette dépression perpendiculaire à la direction de Paris, dépression profonde que le ravinement a dû combler, sinon la main des hommes, est encore parfaitement sensible.

Le fossé était là et quelques considérations, qui ont leur valeur, vont donner une force singulière à notre affirmation.

A l'origine, les limites de la paroisse Saint-Germain de Fontenay-sous-Bois venaient jusqu'au grand mur des terrasses qu'on voit encore dans les propriétés Leroy-Dupré et autres. Elles englobaient l'emplacement du fossé. L'acte de donation détacha donc de cette paroisse toute la terre enclose par l'eau du fossé et celle de la Marne. Ce n'est qu'en 1669 que sept maisons, situées en dehors et proches des murailles du bourg, furent rattachées à la paroisse Saint-Nicolas.

J'ai sous les yeux l'ordonnance épiscopale de cette distraction. La démarcation des limites des deux paroisses fut donc à l'origine toute naturelle, en supposant le fossé à cet endroit.

Il nous paraît possible de fixer à la fin du règne de Jean le Bon l'édification de la nouvelle enceinte dont les vestiges existent encore. En effet une charte de Charles V, de l'an 1365, exempte l'abbé et religieux de l'Abbaye de toutes fournitures à la cour « *pour le fort de ladite Abbaye qu'ils ont fait de nostre mandement et pour le fait que pour iceluy faire ils ont perdu grand partie de leur dortoir, cloistre, moustier, chappitre et autres édifices d'icelle Abbaye...* » (1).

A cette date l'armée du dauphin y tenait garnison, dans sa lutte contre la révolution parisienne fomentée par Etienne Marcel. Si ce travail put être mené à bien, c'est qu'on se servit évidemment des fondations de la vieille muraille romaine. Cette utilisation a dû venir tout naturellement à l'esprit de l'architecte de ce temps, pour hâter le travail de mise en état de défense du bourg, dans un moment troublé où l'on pouvait craindre un coup de main des Parisiens ou de leurs alliés.

Le fossé existait-il alors ? C'est notre avis. Qu'il fut ou non profond jusqu'à atteindre le niveau de la Marne ou qu'il ne fut qu'une tranchée destinée à augmenter les difficultés d'un assaut, le

---

(1) Arch. nat., L 455.

constructeur de l'enceinte de cette époque, semble avoir complété son ouvrage, suivant l'usage, par des ponts ou des passerelles.

Il existe encore, dans l'épaisseur du mur d'enceinte, une entrée voûtée, en pente vers le fossé, qui pouvait donner accès au bourg par une passerelle franchissant le fossé et qui ne s'expliquerait pas autrement, à la hauteur où elle se trouve.

Ce fossé fut comblé avant le XVIIe siècle, à une date que nous ne pouvons préciser. Les *portes de Paris* et *de Presles*, les seules grandes issues du village, se trouvèrent enterrées de plusieurs mètres sous des apports de terre destinés à adoucir les pentes d'accès du village et la topographie se modifia considérablement.

Les portes ont dû disparaître vers 1641.

A ce moment le prince de Condé entreprend d'importants embellissements des abords de son château et du village. Le 15 novembre 1641, le Chapitre, sur sa demande, l'autorise à faire combler les fossés de l'Abbaye.

D'autre part, en 1606, Michel Alexandre, chanoine, collecteur des offrandes aux reliques de saint Maur, demande diminution d'un mois de son bail parce que les pèlerins ne viennent pas comme de coutume « pour le refus qu'on leur fet d'entrer auxdites portes de Saint-Maur. »

C'est à notre avis vers 1641 que les portes de Saint-Maur ont été délaissées, et qu'on a ouvert, tout à côté, dans les murs d'enceinte, des passages plus larges, plus commodes pour les carrosses de l'époque. Les deux voies d'accès perdirent, à l'entrée, leur direction rectiligne.

Une vue du bourg de Saint-Maur, en 1703, montre nettement la muraille d'enceinte, la *porte de Beaubourg ou de Paris* et permet de se rendre compte qu'à cette époque le fossé était déjà comblé.

Michel de l'Hospital, dans une de ses épîtres latines, adressée à Jean du Bellay, célèbre Saint-Maur, « *si fameux par ses murs* ». Le chancelier en parlait en connaissance de cause, puisqu'il était propriétaire d'une des plus belles villas du bourg.

D'autre part, nous avons retrouvé la *porte de Presles* ensevelie sous plusieurs mètres de terre. L'entrée voûtée constitue la cave d'une propriété; les clavaux de la naissance de cette voûte sont parfaitement visibles et dessinent franchement la porte en anse de panier (1).

____

(1) Rue du Four, n° 11.

Lorsque ce travail de comblement fut achevé, le terrain ainsi récupéré fut utilisé. A quoi ? Au xvie siècle — époque où Catherine de Médicis fit construire le château et entreprit de grands travaux — le terrain était un pré, dit le *Pré mineur*. Le comblement est donc antérieur.

Ce *Pré mineur* est souvent cité, notamment dans le *Terrier du Prince de Condé* (1680). Au milieu même de ce pré, on ouvrit une voie dite *ruelle du Pré mineur*, pour faire communiquer la *rue de Beaubourg* et le *chemin de Presles*, les deux entrées du bourg. Et cette rue, enclavée dans des propriétés, mais qu'on reconnaît encore aux deux rangées d'arbres qui la bordent, était située sur l'emplacement supposé de l'axe longitudinal du fossé. Cette utilisation se fit tout naturellement, lorsque le comblement eut fait entrer le fossé et ses talus dans le domaine du seigneur de Saint-Maur.

Le fossé est là et ne peut être ailleurs, disons-nous. Le problème serait résolu si l'ingénieur Emmery, qui perça le souterrain du canal de la Marne au Rhin, au lieu de s'attaquer à la masse de calcaire grossier, avait eu l'idée d'adopter notre hypothèse et d'utiliser les terrains fouillés que nous signalons. Il n'aurait allongé le parcours que de quelque cent mètres et aurait trouvé, à l'entrée et à la sortie, les terrains nécessaires à la construction des bassins. Mais un regret n'est pas un argument.

Cette ruelle était prolongée au nord et au midi par la *ruelle de Beaubourg* (aujourd'hui rue Beaubourg) et la *ruelle des Portes*. Les trois forment encore une ligne droite allant de la Marne supérieure à la Marne inférieure et cette ligne délimite les deux communes, Saint-Maur et Joinville.

La ruelle des Portes, n'aurait aucun sens, à notre avis, si elle n'était pas une simple utilisation du terrain récupéré. La *rue du Pont des Portes* (Pinet) ne date que de l'ouverture de la nouvelle porte d'accès au village.

Une autre question se pose. Le fossé était-il assez profond pour pouvoir être rempli d'eau, comme permettent de le croire les documents anciens. Oui, à notre avis, et voici comment.

D'abord, on peut supposer le fond du fossé rempli par l'eau de la Marne, à une douzaine de mètres de profondeur au maximum. Cela n'a pas été un travail surhumain si on le compare à celui de l'ensemble de l'ouvrage de défense.

D'autre part, à droite et à gauche du quadrilatère fortifié renfermant le village se trouvent des terrains bas, dans lesquels il était très possible de creuser tout un système de fossés plus petits

Église Saint-Nicolas (état actuel)
(Voy. p. 16)

Vue de Saint-Maur (1703)
Extrait de la Géométrie de Mennesson-Malet
(Voy. p. 15)

reliant le grand à la Marne. En effet, des fouilles récentes indiquent que le sable pur se retrouve à o m. 60, au lieudit la Croix-Souris. Tout porte à croire que dans un temps très éloigné, la Marne ceinturait étroitement la butte et coulait au bas de la rue du Four. Non loin de là se trouvaient d'ailleurs le bras de Saint-Pierre (improprement dit des Saints-Pères) qui vient d'être comblé.

Au nord se voyait sur des plans anciens, un canal partant de la première arche du pont de Joinville, passant par la rue Vauthier, séparant les *prés de Beaubourg* de la Marne et servant à amener l'eau au Moulin de l'Abbaye. A la construction du monastère, ce canal a pu être un peu éloigné des terres ; mais, même à l'emplacement où il se reconnaît encore aux vieux saules de certaines prairies, il pouvait parfaitement constituer le chenal d'alimentation du fossé.

De l'un à l'autre de ces deux canaux, le fossé mesurait de 5 à 600 mètres. Il a dû être comblé, en grande partie, par ensablement à l'époque des grandes eaux ou par l'apport de terres et débris, comme divers sondages le laissent supposer.

Essayons, maintenant, de trouver l'emplacement probable du *Castrum* romain. Puisque la charte de fondation lui donne des dimensions considérables — 10 ou 12 bonniers, soit : 13 à 16 hectares (360 à 400 mètres de côté en le supposant carré) — il faut admettre que ce *Castrum* renfermait, non pas une *villa* romaine fortifiée avec toutes ses dépendances, mais l'*oppidum*, tout le bourg, à l'exemple de la cité de Carcassonne.

Les murailles qui entouraient la cité ont obligé les habitants à bâtir des maisons étroites, serrées les unes contre les autres, presque sans jardins et cours, à utiliser en un mot au mieux, l'espace restreint de l'enceinte. On a l'impression, en visitant le vieux Saint-Maur, que le village a été de tout temps fortifié et qu'il n'a pu se développer dans l'armature de pierre qui l'enserrait.

Pour résoudre le problème, c'est-à-dire pour retrouver les traces de l'enceinte romaine, il faut connaître parfaitement la topographie de ce vieux quartier et les transformations qu'il a subies.

En entrant par la rue de Paris, on monte une forte pente et on se trouve sur la place de l'Église, au point culminant de la presqu'île. On peut, à droite, à gauche, en avant, reconnaître une sorte de plateforme sur laquelle nous allons évoluer.

Un des côtés du quadrilatère, celui qui regardait Paris, est encore bien visible. On peut le suivre au fond des deux maisons, nos 4 et 6 de la rue Beaubourg. De là, en ligne droite, il constitue les terrasses de certaines propriétés et vient finir au nº 11 de la rue du Four, par un ouvrage caractéristique à angle droit, qui est bien un vestige de l'ancienne *porte de Presles*. D'un bout à l'autre, ce mur mesure environ 3oo mètres et présente des contreforts et des ouvertures qui sont à noter.

Perpendiculairement à cet ouvrage, dans la direction de La Varenne, la propriété de M. le comte des Fossés et les suivantes possèdent des terrasses soutenues par un mur aux contreforts identiques aux précédents. On suit ce mur jusqu'à la rue Godefroy-Cavaignac, puis il se perd sur l'emplacement des jardins du château.

Remarquons que le prince avait abaissé le sol de ses jardins du midi, qui se trouvaient ainsi dominés par le château auquel on accédait par un large escalier monumental. C'est alors que les vestiges du vieux mur ont sans doute disparu.

Au-delà, nous dépassons la limite des 4oo mètres de longueur. Il est, en outre, établi, par les fouilles perpendiculaires à la direction de ce mur, faites ces temps-ci à 3 ou 4 mètres de profondeur pour la construction d'un égoût, que le deuxième côté du quadrilatère n'allait pas jusqu'à la rue du Petit-Parc.

Tout au plus pouvait-il se prolonger à la hauteur de l'emplacement de l'école libre de la rue Mahieu, où se trouvait autrefois une sorte de forteresse, *la porte*, qui servit de *Capitainerie au Château* ; là, il aurait 4oo mètres. On peut voir dans cette porte qui donnait passage à un très ancien chemin de La Varenne, une issue de la citadelle sur la plaine. Remarquons que la rue Mahieu est en ligne droite avec le boulevard National et l'avenue du Bac et que cette ligne droite est à peu près la bissextrice de la presqu'île.

Le troisième côté du parallélogramme devait suivre les terrasses des propriétés de Vertamy et autres, puis le rebord de la falaise, au pied de laquelle s'élevait le monastère et s'étalait la longue prairie de la *Mignotte*, autrefois île. Un bras de Marne suivait cette falaise, ajoutant un élément de protection à la citadelle.

Ces terrasses, ainsi que celles qui soutiennent les jardins et la cour du château, sont des vestiges de ce mur, mais, là aussi, de grands travaux de terrassement ont été exécutés pour constituer un accès commode aux *Jardins d'en bas* du château, par la descente du *Labyrinthe*. C'est aujourd'hui la prairie, en pente, située près du pont du Petit-Parc.

Il est difficile d'indiquer l'emplacement du quatrième côté complétant la citadelle. Aucun vestige visible n'en subsiste et le vieux mur a dû disparaître à la construction du château ou à l'aménagement de ses abords. Cependant, M. Gourjon, qui a exploité, à Saint-Maur, d'importantes carrières, nous signale que dans sa carrière de l'avenue de Marinville, en un point très voisin de la rue Godefroy-Cavaignac, ses ouvriers rencontrèrent les vestiges d'un mur très épais — 2 m. 5o, dit-il — dont il croit pouvoir nous fixer l'emplacement. Il pense que des fouilles n'offrant aucune difficulté permettraient de retrouver ce vieux mur. C'est là un point capital pour notre thèse et que nous ne manquerons pas d'élucider. Ces vestiges formeraient le côté oriental du quadrilatère. Ainsi serait dessinée la citadelle romaine dont nous poursuivons la restitution.

Mais, la topographie de l'espace compris dans cette enceinte fortifiée nous a longtemps dérouté. Comment concevoir, en effet, que disposant de 12 à 16 hectares, le bourg se soit confiné, à l'occident, sur une partie de cet espace, en des constructions gênées les unes par les autres, au lieu de s'étaler à l'aise vers l'orient. Nous ne pouvons expliquer cette anomalie que par l'existence d'une autre muraille avec fossé divisant le quadrilatère en deux parties inégales.

En effet un fossé séparait, anciennement, le parc du marquis de la Touanne (Petit-Bourbon) et le parc du Château (Petit-Parc). Quand le prince eût acheté la propriété voisine, on accédait à celle-ci par un pont, visible sur de vieilles estampes. Ce fossé se trouvait à l'emplacement de la rue des Écoles et se dirigeait vers le jeu de boules actuel.

D'autre part, la gravure montrant le château inachevé, que nous donnons dans notre ouvrage sur Saint-Maur, présente une forte dépression de terres à l'orient de la Pelouse. Il y avait donc là un fossé et un mur, qu'on franchissait par le pont indiqué.

En second lieu, parallèlement à ce fossé, à l'est du village, passait une ruelle dite des *Sablons*, derrière les maisons de la rue du Four. Ne peut-on voir là une partie du chemin de ronde parallèle à la rue des *Tournelles* et qui contournait le réduit de la citadelle, dernier refuge des défenseurs ?

Plus on visite le vieux Saint-Maur, plus se précise cette conjecture ; le *Castrum* était composé d'une partie formant camp et d'une autre, le château, formant citadelle. Et cette citadelle apparaît redoutable par la hauteur et l'épaisseur de ses murs et par la disposition des souterrains nombreux qui permettaient aux troupes défensives de se porter sur tels ou tels points sans attirer l'attention des guetteurs ou de se mettre à l'abri des projectiles lancés par les assiégeants.

Résumons-nous en prenant des mesures sur le plan cadastral.

La face occidentale du quadrilatère, prise sur le mur encore existant, donne 280 à 300 mètres.

La face méridionale, à la hauteur de la rue des Écoles, mesure 300 mètres environ, et 450 mètres à la hauteur de la rue Godefroy-Cavaignac.

La superficie de la grande enceinte est donc d'environ 13 hectares 50 ares, et correspond, à peu de chose près, à 10 bonniers ($139 \times 10 = 13$ h. 90 a.).

Comme nous le disons plus haut, les dimensions présumées du Castrum Romain s'appliquent parfaitement à la topographie du *vieux Saint-Maur*.

On voit que, même serré de près par des considérations qui peuvent un jour guider, éclairer quelque architecte érudit ou archéologue heureux, le problème n'est pas résolu. Nous sommes convaincu que des fouilles repérées et coordonnées avec soin à la lumière de ces quelques données, livreront à la longue la clef de l'énigme et donneront raison à l'anonyme hagiographe de la *Vie de saint Babolein* qui paraît avoir eu sous les yeux des vestiges non douteux de l'antiquité de notre ville.

Mais le lieu désolé par la répression impitoyable de la révolte des Bagaudes, eut à subir la dévastation des Huns. Des chrétiens s'étaient réfugiés dans la presqu'île. L'un deux, saint Félix, y périt à La Varenne. L'abbé Lebeuf dit que de son temps (1750), on voyait encore des souterrains dans la presqu'île et que l'un deux était appelé la *Cave de saint Félix* (1). Dans le

**Le Moyen-Age.
Les religieux.**

même massacre furent réunis les saints de Créteil : saint Agoard et saint Aglibert, dont les reliques se voient encore dans la vénérable église de Créteil. Cet événement dut avoir lieu le 24 juin 451. Dès lors cette terre arrosée du sang des martyrs devint un lieu de vénération. Nous sommes tenté d'y voir l'origine du pélerinage célèbre, qui avait lieu tous les ans à la Saint-Jean, le 24 juin, depuis la plus haute antiquité.

Ce sont les reliques de saint Maur qui ont répandu au loin la renommée du minuscule village, et qui lui ont donné le nom qu'il porte encore aujourd'hui. Le lieu s'est tout d'abord appelé *Fos-*

---

(1) Le lieudit la Cave existe encore près de la ferme de Champignol. Cette emarque a une importance que nous mettrons en lumière plus loin.

satus, comme nous l'avons vu, puis couvent de *Saint-Pierre* et enfin au xiiie siècle, la langue des pélerins lui a imposé son dernier vocable. On allait prier saint Maur, baiser les reliques de saint Maur, puis le langage populaire simplifiant l'expression, en fit : aller à Saint-Maur.

C'est en 868 que les précieuses reliques du disciple de saint Benoît y furent apportées de Glanfeuil, en Anjou (aujourd'hui Saint-Maur-sur-Loire), pour les soustraire aux profanations des Normands (1).

La réputation du monastère et sa fortune ne faisaient que se développer, lorsqu'un événement arriva à propos pour frapper l'esprit populaire et augmenter encore le crédit du saint. En 1137, une longue sécheresse désolait le pays : « Il advint une si grande nécessité en France (2), faute de pluie, que les bêtes mouraient de faim aux champs, faute d'herbe ». L'évêque de Paris, Étienne, de concert avec l'abbé Ascelin, fit porter processionnellement hors du monastère le corps de saint Maur, « jusqu'au lieu où est une croix entre le village de Saint-Maur et Charenton-Saint-Maurice, vis-à-vis d'une butte de pierre que font les pélerins sur le chemin de Paris, proche les murailles du bois de Vincennes, allant audit Saint-Maur. Et de là rapportèrent la châsse et la vinrent poser sur l'autel de la chapelle Saint-Nicolas qui est à présent la paroisse du village et la pluie tomba avant la fin de l'office, si bien que pour s'en retourner de la chapelle à l'Abbaye, ils furent fort mouillés » (3). Ce miracle, en ces temps de foi naïve, ne contribua pas peu à attirer à l'Abbaye la foule des pélerins.

Les reliques du saint avaient la réputation de guérir la goutte par contact et l'épilepsie par exposition ; c'est pourquoi la première était couramment appelée *mal Saint-Maur*, la seconde *mal Saint-Jean*. On cite parmi les pélerins, l'empereur d'Allemagne, Charles IV, qui, en 1377, vint demander la guérison d'une goutte qui le tourmentait fort. Il faut croire que les guérisons n'étaient pas rares et que les malades y laissaient leurs béquilles en *ex-voto*

---

(1) Saint Maur, disciple de saint Benoît, était venu en France et avait fondé ce monastère. Il y mourut le 15 janvier 584 et fut enterré dans l'église, du côté de l'Épitre. Son tombeau vide, vient d'être retrouvé. On lit sur le mur, près du tombeau : « *Hic oravit S. Maurus* », ici pria saint Maur.

(2) Mis pour Ile-de-France.

(3) Voir *Vie de saint Maur*, 1640, réimprimée par les religieux de son ordre, en 1703. — La croix était située non loin de l'emplacement de la redoute de Gravelle.

pour que François Villon ait pu écrire dans la XXXIIIe strophe de son *Petit Testament* :

> Item, laisse le Mortier d'or
> A Jehan, l'espicier de la Garde
> Et une potence à Sainct-Mor
> Pour faire ung broyer à moustarde.

Les malheurs de la France aux XIVe et XVe siècles frappèrent particulièrement le village de Saint-Maur, place de guerre souvent disputée aux portes de Paris. En 1358, le dauphin Charles, lors de la révolution d'Étienne Marcel, y tenait garnison. Les troupes n'épargnèrent même pas les lieux où elles étaient cantonnées ; les granges et manoirs de l'Abbaye furent brûlés, et tout ce qui était dedans pris ou gâté ; ce qui n'exonéra pas les malheureux habitants, de la contribution levée sur la prévôté, vicomté, diocèse de Paris pour la rançon du roi Jean, pendant une année, du 17 août 1369 au 17 août 1370. On lit en effet au compte de Jehan le Mire, receveur général de la taxe, que Sainct-Mor est taxé à 96 livres parisis levées par P. Hémart ; La Varenne à 18 livres levées par Gilot Fleury ; Christueil (Créteil) à 48 livres par P. Tiberge ; Bonueil à 25 livres 4 sols par Jehan de la Ruelle ; Chennevières-sur-Marne à 64 livres par Jaquet Chenart, etc. Ces collecteurs étaient des notables des différents villages.

Les ravages causés par ses troupes sont si importants, que le dauphin Charles reconnaît par lettre de février 1365 « que par les prises qu'on a faites on a tellement appauvri ce lieu que les pèlerins ne peuvent être hébergés en ladite ville, comme pour le faict et occasion de guerres ils ont été grandement dommagés » et il exempte l'Abbaye et le village du droit de prise. .

Par ordonnance en date du 22 juillet 1406, Charles VI reconnait également que les habitants de La Varenne « ...sont chascuns jours moult traveilliez pour les prinses que l'en a faict et faict sur eulx pour les provisions de nostre hostel ...dont il est advenu aucuneffois que pour causes desdites oppressions aucuns deux ont esté ramenés en telle indigence et povreté que moult grand partie deulx sen sont allez demourer hors de ladicte ville et que les autres ont à peine de quoi vivre... » et il les exempte de ce droit moyennant six charretées de *feurre de seigle* (paille). Ce droit exorbitant permettait aux fourriers et chevaucheurs du roi de prendre meubles, harnais, animaux domestiques, lits, draps, couvertures, vin, farine, foin, chevaux, chariots, etc., de ruiner en quelque sorte pour les besoins du roi et de sa maison le pauvre paysan sans défense et sans recours.

Les ducs de Bourgogne tinrent garnison à Saint-Maur. Les Bourguignons, les Armagnacs, les Anglais, les Ligueurs, Henri IV, Farnèse le saccagèrent à qui mieux mieux.

Enfin, avec les Bourbons-Condé, le village retrouva un peu de tranquillité et de prospérité.

Jusqu'au milieu du siècle dernier, Saint-Maur fut par lui-même, un village assez insignifiant. Les habitants de la presqu'île, dont le nombre ne dépassait guère 600, étaient répartis en trois agglomérations : le *Vieux Saint-Maur* ou le *Bourg,* le *Port de Créteil* et une petite agglomération autonome, le *village de Saint-Hilaire en La Varenne.*

Les habitants du *Bourg* semblaient les plus favorisés à cause du voisinage du monastère, du château et des villas des riches bourgeois parisiens. C'étaient des artisans, des cultivateurs, des épiciers qui vendaient aux pélerins : cierges, chandelles et « enseignes » (insignes) de papier, d'étain, d'argent, médailles et patenôtres, objets connus couramment sous le nom de miracles.

Au rôle des impositions pour l'année 1677, la communauté des habitants est taxée à 2.310 livres, La Varenne à 720, Nogent à 7.150, Créteil à 4.800, Sucy à 6.500, Bonneuil à 670, Boissy à 2.550, Chennevières à 2.050, Champigny à 6.050 (1). Il est permis ainsi de se faire une idée comparative de la prospérité des paroisses voisines.

Ceux de *La Varenne* mettaient en culture la vaste plaine sablonneuse que forme la presqu'île où les bonnes terres étaient rares, à part celles du bord de Marne, que la rivière fécondait souvent de son limon. Ils cultivaient le blé, le fourrage et même la vigne. Les documents anciens les dénomment toujours laboureurs. La Charte de Clovis II confirme que la presqu'île était plus agréable que fertile (2).

Ceux du *Port de Créteil*, très peu nombreux, trois ou quatre maisons, dit Lebeuf, étaient des laboureurs, des pêcheurs ; l'un d'eux était passeur du bac.

A part trois grosses fermes qui se partageaient la majeure partie du territoire — les fermes de *Champignol,* du *Trou* ou du *Mesnil,* des *Piliers* — il n'y eut pas d'habitations au centre de la presqu'île en dehors des trois petites agglomérations que nous venons de citer, encore les habitants y furent-ils très peu nombreux à cause

---

(1) Bibl. nat. Cinq cents, Colbert 261.
(2) ...qui peninsulam efficit plus amœnitatis quam fertilitatis habentem.

de l'infertilité du sol et des ravages périodiques causés par les inondations.

Bien plus, par lettres du 10 mars 1541, le roi François Ier avait fait « défense expresse de faire ou construire par cy après nouveaulx edifices cloz par hayes ou fossez avec que par telz moyens la chasse et course des lievres enquoy consiste le principal passetemps de ladite garenne ne soyt aucunement empeschée... » (1).

Plus tard même ce fut bien pis. Lorque le château s'éleva, entouré de son grand parc, la reine Catherine de Médicis et les Bourbons, ses successeurs, entretinrent dans la plaine une telle abondance de gibier que les récoltes étaient presque entièrement dévorées sur pied ou foulées par les équipages de chasse. Pendant toute la durée de l'ancien régime et même jusqu'en 1831, les habitants supportèrent ces ravages et à la Révolution, leurs doléances, sur ce point, étaient si vives qu'elles constituèrent, à elles seules, presque tout le *Cahier de la Paroisse* envoyé au roi. Ils trouvaient une sorte de dédommagement à cet état de choses dans les libéralités du *baron de Saint-Maur*, le duc ou le prince et dans le service au château d'où ils tiraient presque tous le plus clair de leurs ressources.

Nous n'avons que des indications approximatives au sujet de la population des deux anciennes paroisses, mais elles prouvent suffisamment que le chiffre de cette population n'a jamais beaucoup varié. Au xe siècle, d'après le *Cartulaire* de l'Abbaye de Saint-Maur, La Varenne comptait 121 âmes, y compris ceux du *Port de Créteil*. C'est le plus ancien dénombrement que nous connaissions. En 1709, on y comptait 15 feux ; en 1720, 17, ce qui donnait à l'époque environ 80 habitants, non compris ceux du Port de Créteil. C'est également le chiffre que lui attribue un recensement officiel du 2 mai 1791.

En 1693, la réunion de la *Branche du Pont de Saint-Maur*, à la paroisse de Saint-Nicolas donna au total 430 habitants à Saint-Maur. Le *Nouveau dénombrement du royaume par Généralités* de Saugrain, paru en 1720, lui attribue 95 feux et le désigne ainsi : *Saint-Maur hors La Varenne* (2). On comptait donc à Saint-Maur, suivant les calculs du temps, 450 habitants environ.

---

(1) Arch. nat., S 1181

(2) On ne lira pas sans intérêt le dénombrement des paroisses voisines à la même époque : Amboille (Ormesson), 38 feux ; Boissy-Saint-Léger, 43 ; Bonneuil, 27 ; Champigny, 154 ; Chennevières, 78 ; Créteil, 111 ; Nogent, 193 ; Sucy, 149.

Le recensement officiel du 2 mai 1791 lui en attribue « 1089 et plus » ; mais le maire Richard comprend dans ce nombre les habitants de la Branche du Pont de Saint-Maur, qui, malgré les protestations de Saint-Maur, persistaient à se considérer en commune autonome et finirent par obtenir gain de cause.

A partir du XVIe siècle, s'ouvre pour le village de Saint-Maur une nouvelle période de son histoire. Sa vie propre, jusque-là confondue dans celle du monastère si réputé, commence à se développer. L'Abbaye régulière disparaît définitivement à l'installation des chanoines, le 17 août 1536. Les moines bénédictins font place à neuf chanoines nommés par l'évêque de Paris, Jean du Bellay, doyen du chapitre ; ce furent *Catherin Deniau*, chantre en dignité, *Jehan Galle, Jehan Chandellon, Denis Lecamus, Loys Mazalon, Jehan Lucas, Philibert Friault, Jacques Dufour, Loys de Venoy*, auxquels le même évêque aurait ajouté, plus tard, son ami *François Rabelais*, qui ne prit pas possession.

La Renaissance.
Les chanoines.
Rabelais.

Les nouveaux occupants des bâtiments monastiques, quoique soumis à la résidence, à l'assistance aux offices, vivaient séparément, servis par un valet ou une servante, dans une aimable et douce liberté qui ne fut sans doute pas étrangère à la verve endiablée de l'auteur de *Pantagruel*.

L'évêque Jean du Bellay fait embellir le petit manoir des moines dont il fit souvent sa résidence avec son ami et médecin Rabelais. Catherine de Médicis acquiert cette maison de campagne en 1563 et charge le meilleur architecte de son temps, Philibert Delorme, d'en faire un château digne de la majesté royale.

Saint-Maur, pour vous, fait sa rive plus belle.

lui écrivait alors le poète Ronsard.

Enfin, après la mort de la reine prodigue, qui avait englouti plus que sa fortune dans des constructions fastueuses et nombreuses, le château, à la requête des créanciers, est adjugé en 1598, à Charlotte de la Trémoille, qui le fait entrer, par son mariage, dans la famille des Bourbons-Condé.

Ainsi la petite paroisse dont les destinées se seraient sans doute déroulées obscurément, eut la bonne fortune de voir venir à elle François Ier, Henri II, Charles IX, Henri III, Henri IV, Catherine de Médicis, Marguerite de Navarre et les hommes les plus considérables de tous ces règnes, de l'Hospital, Villeroy, Budé, le grand Condé, qui vinrent s'y fixer un moment.

A cette époque de troubles religieux, suscités par l'esprit de réforme et de libre examen, il ne paraît point que le village ait été agité, ni menacé, malgré la présence des Bourbons qui avaient embrassé le protestantisme en haine des Guises catholiques. L'exemple des chanoines restés dans l'orthodoxie, les murs de défense du village et, sans doute, une bonne garnison, le préservèrent des querelles doctrinales et des horreurs de la guerre civile.

Qu'on nous permette de revenir ici sur le séjour de François Rabelais à Saint-Maur. Ce point est si important pour notre histoire locale que nous ne pouvons résister à l'obsession d'en rechercher des preuves certaines. Rabelais a-t-il habité Saint-Maur ? C'est incontestable. A-t-il figuré au nombre des chanoines ? Nous croyons pouvoir répondre, non. Et voici pourquoi.

L'Abbaye de Saint-Maur, après une longue et brillante existence, fut donnée en commende à l'évêque de Paris, Jean du Bellay, par le roi François Ier (1). Le fastueux évêque en dilapida les revenus et laissa les bâtiments tomber en ruines, à tel point que la vie régulière y étant impossible, le pape Clément VII, à la demande même de l'évêque, transforma les religieux en chanoines. Le 15 août 1536, jour de l'exécution de la bulle papale de sécularisation, un procès-verbal de la cérémonie nomme les neuf chanoines et les quatre vicaires perpétuels composant le nouveau Chapitre.

Les chanoines vivent librement, séparément, et se font servir soit par des domestiques, soit par des servantes. Cent ans après, la vie religieuse de quelques-uns était assez relâchée pour que le Chapitre s'émut des bruits qui couraient sur un membre de la Compagnie, M. de Moron.

D'autres se livraient, en temps de carnaval, à des excentricités que le caractère de leurs fonctions religieuses rendait des plus blâmables. Ils allaient jusqu'à se faire des déguisements avec les chasubles et autres ornements d'église.

Bref, si Rabelais a séjourné dans cette maison et même en telle compagnie, nul doute que ce milieu ait inspiré la verve endiablée et débridée de l'auteur de *Pantagruel*.

F. Rabelais ne figure pas sur la liste des premiers chanoines.

______

(1) Arch. nat., P 725 ². Lettre de François Ier datée de « Boullongne-sur-la-Mer », le 24 octobre 1532. Réception du Serment de Jean du Bellay à l'occasion de la prise en commende de l'Abbaye de Saint-Maur.

Il ne figure pas non plus au livre de comptes de 1537, qui fut le premier registre de la comptabilité collégiale et qui nous est parvenu (1).

On voit figurer sur ce registre comme chanoines :

Catherin Deniau, chantre, c'est-à-dire supérieur, pour neuf vingt-quatre livres, seize sols huit deniers et quarante livres tournois de gros (184 livres 16 sols 8 deniers).

Jehan Galle ; Jehan Chandellon ; Denis Lecamus ; Loys Mazalon ; Jehan Lucas ; Philibert Friault ; Jacques Dufour ; Loys de Venoy, chacun pour 97 livres 8 sols 4 deniers, plus 20 livres tournois de gros. Mais Loys de Venoy ne touche que pour neuf mois parce que les trois autres mois sont payés à *Claude Brunault* qui lui succéda au commencement de juillet 1537. Ce livre de comptes, qui porte en détail les recettes et les dépenses de la nouvelle communauté, ne fait aucune mention de Rabelais. Les comptes des années suivantes manquent. De plus les procès-verbaux des séances capitulaires que nous avons tous lus minutieusement, ne portent ni mention, ni allusion à la présence habituelle ou passagère de l'illustre écrivain.

L'argument tiré de cette absence n'est pas décisif. Rabelais eût pu ne pas figurer sur le livre des comptes, car les indemnités en argent ou en nature, les jetons de présence, ou méraults n'étaient dûs qu'aux chanoines qui faisaient résidence.

La règle du Chapitre exigeait, non seulement cette résidence, mais la présence aux offices et même la desserte des paroisses dépendant de l'ancienne Abbaye ; il n'était pas possible, au grand voyageur que fut Rabelais, de se conformer à cette règle.

A notre avis, F. Rabelais n'a eu du canonicat « que la fumée du rôt ». Rabelais, malgré toute la bienveillance de son maître et ami Jean du Bellay, n'a pas pu se faire admettre dans une maison gardée jalousement par les anciens religieux, transformés en chanoines, qui eussent vu d'un œil adverse ce dixième compagnon augmenter illégalement le nombre des chanoines porté à neuf par la Bulle, et partager avec eux les revenus déjà bien réduits de leur mense. N'est-ce point l'explication de la haine qu'il semble avoir vouée aux « moines moinant de moinerie » ?

Si François Rabelais n'a pas été effectivement chanoine de Saint-Maur, il a certainement habité souvent le village. Il a effecti-vement accompagné son maître, l'évêque, qui y possédait un

(1) Arch. nat., LL 74.

manoir, origine du futur château royal. Il a certainement fréquenté la docte et joyeuse compagnie des chanoines ; il a, sans aucun doute, rendu visite à son ami Budé, le savant helléniste, qui avait une maison de plaisance à Saint-Maur.

Il a même, fort probablement, écrit à Saint-Maur une partie de son œuvre. Cette opinion est tenace à l'esprit de ceux qui, comme nous, connaissent parfaitement les lieux ; elle n'a en tous cas rien d'invraisemblable.

Jean du Bellay, évêque, grand seigneur, pratiquait assez librement les goûts de la Renaissance gréco-latine. C'est ainsi que de Rome il avait envoyé pour ses jardins de Saint-Maur une statue en marbre du dieu Priape.

Les facéties grossières de Rabelais qui nous choquent aujourd'hui, sont la peinture fidèle d'un siècle où le relâchement, la grossièreté des mœurs et du langage étaient communs à la Cour et dans le peuple, même dans le clergé.

Mais en lisant attentivement l'œuvre du grand rieur, dont la première partie, celle qui nous préoccupera, fut écrite avant 1532, on trouve des passages qui peuvent parfaitement s'appliquer à Saint-Maur. Par saint Babolein, le bon saint, dit-il, quelque part. Or, ce saint, fondateur de l'Abbaye, était très vénéré à Saint-Maur.

Sa description de l'*Abbaye de Thélème*, hexagonale, avec une tour à chaque angle, est toute fantaisiste. Ces tours sont nommées *Hespérie* ou occidentale, *Mésembrine* ou méridionale, *Anatole* ou orientale, *Calaer* ou Bel-Air, *Artice* ou septentrionale, *Crière* ou froide.

D'après les recherches auxquelles nous nous sommes livré, l'Abbaye de Saint-Maur ne possédait à cette époque que deux tours, la tour du *Havre* ou port, située non loin de la Marne, qui s'écroula le 3 février 1631, et la tour sans nom qui existe encore et que nous appelons *Canoniale* parce que le chantre des chanoines y avait son logement après la ruine de la maison cantoriale. Ces deux tours correspondraient aux tours *Calaer*, pour la première, et *Crière* ou plutôt *Hespérie* pour la deuxième. Mais nous sommes là en pleine conjecture.

Ce qui est plus précis et plus probant, à notre sens, c'est la description du *Manoir* des Thélémites « *soubs la rivière de Loire* ». Celui des moines, et plus tard de l'évêque, était en dehors de l'Abbaye, sur la colline où s'éleva, par la suite, le château et non loin de la rivière de Marne.

« *Comment estoit le Manoir des Thélémites. Au milieu de la basse court estoit une fontaine magnifique, de bel albastre. Au dessus, les trois Grâces avec cornes d'abondance...* »

Le manoir que Jean du Bellay avait fait transformer en un joli château par Philibert Delorme, était bien « *sus gros piliers de porphyre, à beaux arcs d'antique...* » et pouvait posséder le spécimen du chef-d'œuvre de sculpture, les *Trois Grâces,* que nous voyons figurer au livre des *Comptes et debtes* de Catherine de Médicis (1598) comme se trouvant au château de Saint-Maur (1).

« *Jouxte la rivière estoit le beau jardin de plaisance. Au milieu d'iceluy le beau labyrinthe* ».

En effet, près de la Marne, existait au xvie siècle un *beau jardin* avec des eaux jaillissantes, auquel on accédait du château par un *labyrinthe ;* cette disposition est bien visible sur des estampes du xviiie siècle.

« *Entre les deux aultres tours estoient les jeux de paulme et de grosse balle...* » Un jeu de paulme ou tripot existait dans les bâtiments de l'Abbaye au xvie siècle, et nous voyons les chanoines en interdire l'entrée aux habitants du village, qui s'y livraient à des jeux bruyants, troublant sans doute la tranquillité de la maison.

« *Du costé de la tour Crière estoit le vergier, plein de tous arbres fruictiers...* »

En s'orientant, la tour *Crière* serait peut-être la petite tour de guet qui existe encore au coin de l'impasse de l'Abbaye, le verger des chanoines était bien situé non loin de là, de l'autre côté de la rue de l'Abbaye, dans les jardins qui touchent aux terrasses des maisons de Vertamy, Emmery et autres, et à la ruelle Vauthier.

« *Au bout estoit le grand parc foisonnant en toute sauvagine...* »

Au bout était bien le grand parc du château, parc que Jean du Bellay avait enclos, à la sollicitation de François Ier et même « planté de ses mains » dit le chancelier Michel de l'Hospital. Notre *grand chêne* serait-il de cette époque ? (2).

« *Entre les tierces tours estoient les butes pour l'arquebuse, l'arc et l'arbaleste* ».

---

(1) Arch. nat., KK. 124.

(2) Ce grand chêne, dernier vestige de l'ancienne futaie du *Grand Parc,* paraît bien être de cette époque. Il mesure à la partie moyenne du tronc 4 m. 50 de tour et ses branches robustes couvrent une superficie de 1.400 mètres carrés. On peut le voir dans la propriété Gramond, 50, avenue du Grand-Chêne.

Ceci correspond à *l'impasse du Jeu-de-l'Arc* où notre ancienne *Compagnie* du noble jeu s'exerçait à tirer depuis sa fondation, lorsqu'elle fut priée de se transporter ailleurs, le 7 février 1841.

Il y a là une série de descriptions troublantes qui nous portent à croire que dans son *Abbaye des Thélémites*, dans son *Manoir des Thélémites* surtout, Rabelais a eu sous les yeux les bâtiments et dépendances de l'Abbaye de Saint-Maur. Nous avons dit que la vie des chanoines n'était plus l'austère vie des religieux, n'est-ce pas ce qui inspira au gai compagnon Rabelais la devise :

Fays ce que vouldras

qu'il voyait pratiquée alors dans ce docte et gai milieu, soumis autrefois à la dure règle bénédictine ?

En tous cas, c'est évidemment pour avoir longtemps habité Saint-Maur et s'y être complu jusqu'au délice, qu'il a pu en tracer un tableau aussi flatteur que celui qu'il fait en ces termes, au cardinal de Châtillon, dans une épitre datée du 28 janvier 1552 :

« *Cestuy evangile (bonne nouvelle, celle du privilège accordé par Henri II pour la publication de son livre) depuis, m'avez de vostre benignité réitéré et d'abondant lorsque naguères visitates Monseigneur le Cardinal du Bellay qui, pour recouvrement de santé, après longue et fâcheuse maladie, s'estoit retiré à Saint-Maur, lieu ou (pour mieulx et plus proprement dire), paradis de salubrité, aménité, sérénité, commodité, délices et tous honnestes plaisirs de agriculture et vie rustique.* »

Faut-il ajouter que Rabelais entretînt certainement de bons rapports avec les chanoines de Saint-Maur, car il mourut dans une maison de la rue des Jardins-Saint-Paul leur appartenant, le 9 avril 1553 ?

Il existe de très nombreux documents concernant l'Abbaye, par contre on en trouve-peu sur la paroisse, avant 1536. C'est parce que l'autorité des religieux ou des chanoines fut toujours un obstacle au libre développement de son autonomie et que, d'autre part, la réputation de l'Abbaye éclipsant la petite paroisse, c'était toujours à l'Abbaye suzeraine qu'allaient les privilèges, les fondations, à cause de la dévotion si répandue aux reliques de son saint patron « grand ami du Christ » et grand guérisseur.

La paroisse.

D'autre part les registres capitulaires des religieux ont disparu.

Les renseignements précieux qu'ils contenaient sans aucun doute, nous auraient permis de mieux connaître le régime paroissial, sous la tutelle des moines.

A l'origine du catholicisme, il n'existait d'autre temple que l'église épiscopale. La plupart des églises rurales, humbles temples de bois où le desservant n'avait pas le droit d'officier aux jours de grandes fêtes, n'ont été élevées que du ve au xe siècle.

Les prêtres étaient rares. Ils formaient le conseil de l'évêque qui les déléguait, à certains jours, pour officier dans les campagnes. Toutes les paroisses furent séculières dès le début, mais faute de prêtres, les évêques ne tardèrent pas à en confier quelques-unes à des monastères. C'est ce qui s'appelait *Donation de l'autel*, c'est-à-dire des revenus de l'église avec droit de l'administrer et de présenter le desservant.

A l'origine les choses se passèrent ainsi pour notre presqu'île. Au commencement du xie siècle, l'évêque de Paris, Raynaud, dont le père, le comte Bouchard de Corbeil, s'était retiré à l'Abbaye de Saint-Maur, *donna l'autel* de Saint-Hilaire aux moines de ladite Abbaye. En général les religieux desservaient leurs églises en personne.

Par une charte datée de septembre 1195, l'évêque de Paris, Maurice de Sully, donne à l'Abbaye des Fossés les églises suivantes et présentations d'icelles, savoir : *Saint-Nicolas-des-Fossés*, la *chapelle de Saint-Nicolas au même lieu* (Champignol). la chapelle de Saint-Pierre-aux-Bœufs, à Paris, etc.

Mais nous ne connaissons pas la date d'érection de ces églises en paroisses. Celle de Saint-Nicolas, d'après l'abbé Lebeuf, serait du xiiie siècle. C'est sous le règne de Saint-Louis, dit-il, et sous l'épiscopat de Guillaume d'Auvergne qu'on assigna pour paroisse aux habitants du *Bourg*, la chapelle Saint-Nicolas. Les fidèles devaient, néanmoins, continuer d'assister aux offices de l'église abbatiale, ainsi qu'aux processions, aux jours et heures fixés par les moines, puis les chanoines, *curés primitifs*, patrons présentateurs du desservant.

Son église n'avait été à l'origine, qu'une chapelle à l'usage des bateliers qui sillonnaient en grand nombre les rives de la Marne, car à ces époques reculées, le commerce de Paris était surtout alimenté par eau. Au pied de l'Abbaye se trouvait un port; les bateaux se rangeaient dans le canal qu'on appelait le *Bras de Saint-Babolein* et qui faisait également tourner le moulin des moines.

Sans remonter aux Nautes parisiens, on trouve de nombreuses preuves de l'activité des bateliers sur la Marne. Le *Terrier* de Condé (1682) mentionne des « voituriers par eau » habitant le Pont de Saint-Maur et même La Varenne. De 1772 à 1775, il a existé une compagnie dite des *Coches de la Marne*, pour le transport des marchandises et mêmes des voyageurs. Le flottage des bois était également très actif sur les bords de la rivière. Ainsi s'explique l'existence, dans la presqu'île, de deux chapelles dédiées à Saint-Nicolas de Myre, patron des mariniers.

Une bulle d'Innocent II, de l'an 1136, datée de Pise, la sixième année de son pontificat, donnée en confirmation des possessions de l'Abbaye des Fossés, s'exprime ainsi : « ...*ecclesiam sancti Hilarii de Varennis, cum capella sancti Nocolai sita in fossatensis villa* ». Elle énumère bien d'autres églises, mais dans ce nombre ne figure pas l'église Saint-Nicolas, donnée plus tard à l'Abbaye, comme nous l'avons vu. C'est que celle-ci n'était point, à cette époque, une paroisse autonome, mais une simple chapelle placée sous la juridiction abbatiale, sans quoi le pape n'eût pas manqué de la citer parmi les églises dépendant de l'Abbaye.

La bulle dit : l'église Saint-Hilaire *avec* la chapelle Saint-Nicolas. En effet, comme nous le verrons par la suite, la chapelle Saint-Nicolas (de Champignol) appartenait bien à la paroisse de Saint-Hilaire. C'est bien de celle-ci dont il est question.

Sous le régime abbatial, c'est-à-dire jusqu'en 1536, la paroisse de Saint-Nicolas fut dirigée par un chapelain, dépendant du monastère, n'ayant ni gros, ni dîmes, ni revenu, mais seulement sa nourriture dans le couvent comme les religieux. Nous avons trouvé, en effet, qu'il fut institué surtout pour célébrer trois fois par semaine à l'intention des défunts abbés et moines et qu'il recevait, en retour de ses services religieux (qui n'étaient point ceux d'un pasteur paroissial, remarquons-le) tous les jours un pain conventuel, une quarte de vin, un plat ou portion et une écuelle de soupe. Il était tenu d'accompagner les moines dans les processions.

Le traitement du curé de Saint-Nicolas comportait donc, à l'origine, la nourriture et le logement dans le monastère. Sous le gouvernement des chanoines, ce régime reçut des améliorations ; on accorda au curé le droit de percevoir quelques dîmes, quelques rentes et casuel. C'est ainsi qu'un acte de 1564 mentionne que « le dit curé a droit de prendre au jour de Saint-Pierre en juin,

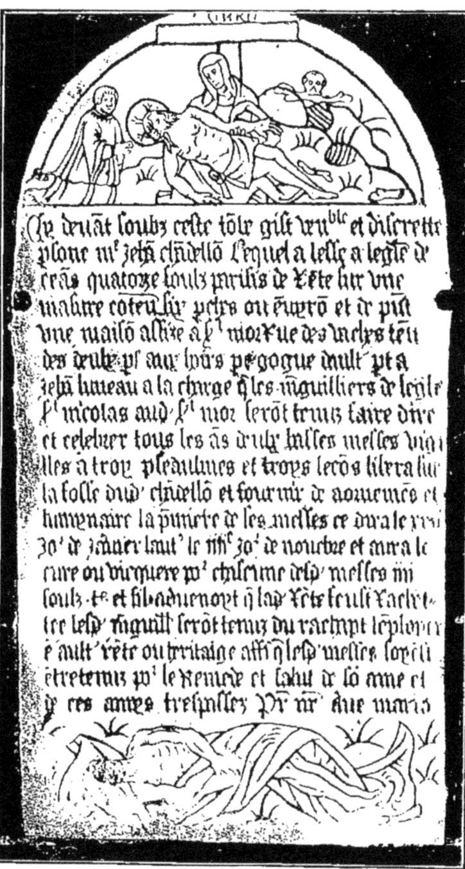

Epitaphe de Jean Chandellon, chanoine (XVIe siècle)
(Voy. p. 35)

Médaille de pélérinage (1554),
trouvée dans l'enceinte de l'Abbaye
(Voy. p. 23 et 83)

4 sols parisis de rente sur une vigne sise au lieu dit les Rougets (Joinville), en la censive de la Reine (Catherine de Médicis) dame de Saint-Maur ».

Vers la même époque, l'évêque de Paris, Pierre de Gondy « est condamné à bailler au curé et payer la quantité de quatre septiers de blé froment, deux muids de vin et 5o sols tournois en argent, qu'il a droit de prendre à cause de sa dite cure sur le doyenné de Saint-Maur, au lieu d'une pinte de vin, deux miches et trois œufs par jour des années 1575 et 1576 ».

C'est donc à cette époque que le traitement du curé s'établit sur des bases nouvelles confirmées par un arrêt du Parlement et constituant pour lui une condition plus convenable.

Plus tard même, à la suite d'un arrangement entre le curé et l'évêque, ces droits furent abandonnés pour le paiement d'une portion congrue. Cet arrangement était sans doute plus avantageux encore pour le curé, car nous le voyons de nouveau entrer en conflit avec l'évêque. Par arrêt du Parlement, en date du 6 août 1643, Monseigneur l'archevêque de Paris est « condamné payer au curé de Saint-Nicolas de Saint-Maur, pour lui et son vicaire 3oo livres tournois de portion congrue en abandonnant tous les revenus de ladite cure au profit dudit archevêque ».

Un arrêt du Parlement du 15 mai 1688 condamne le chantre, chanoines et chapitre de l'Église Royale et Collégiale de Saint-Maur-les-Fossés-les-Paris, à payer à maistre Germain Dupuy, curé de la paroisse Saint-Clément de Châtres, la somme de 3oo livres de portion congrue (1).

Les fondations de la fabrique de Saint-Nicolas ne datent que du XVIᵉ siècle. C'est donc sous le régime des chanoines que la paroisse acquit une capacité civile distincte et une certaine indépendance temporelle. Le nécrologe, ou liste des offices religieux en mémoire des donateurs, a été commencé en 1550. En 1623, il était déjà chargé de trois cent vingt-cinq messes ; mais par décret du 31 décembre 1768 l'archevêque de Paris en retrancha une bonne partie dont les titres de fondation étaient perdus. A la Révolution elle possédait des rentes sur l'Hôtel de ville, sur des terres et sur bon nombre de maisons du *Bourg* ou de *La Varenne*.

---

(1) Aujourd'hui Arpajon (Seine-et-Oise) dont la paroisse dépendait de Saint-Maur.

Nous n'avons pas trouvé trace des curés de Saint-Nicolas, sous le régime abbatial. Le compte de frère Denis Bouchart, trésorier de l'Abbaye en 1492 et 1493, pour le compte de Raoul du Fou, évêque d'Évreux et abbé commendataire de Saint-Maur, ne mentionne pas le curé de Saint-Nicolas. La paroisse, voisine du monastère, était sans doute desservie par les moines ou par un chapelain vivant avec les moines. Par contre, le curé de La Varenne est partie prenante dans les comptes dudit receveur.

Les curés.

A l'installation des chanoines, en 1536, les deux paroisses furent desservies par deux des nouveaux bénéficiaires, Chandellon pour Saint-Nicolas, Mazalon pour Saint-Hilaire (1). Par la suite, les curés furent choisis parmi les quatre vicaires perpétuels de la Collégiale. Mais ces vicaires, obligés par les statuts canoniaux d'assurer le service religieux intérieur, délaissaient leur devoir pour leur paroisse et on ne tarda pas à les remplacer par des prêtres étrangers à la Compagnie. Pour cette raison, Vincent Charpentier, vicaire perpétuel et desservant de Chennevières est mis en demeure, en 1593, d'opter entre ces deux fonctions.

Faisons remarquer que le nom d'église de Saint-Maur désignait alors la collégiale et non l'église Saint-Nicolas. Ceci est très important, pour qu'il n'existe pas de confusion touchant les documents insérés dans le cours de notre étude.

Jean Chandellon, chanoine, était curé de Saint-Nicolas en 1549. Il mourut, vraisemblablement, le 22 janvier 1578 et fut inhumé dans l'église paroissiale, comme l'indique son épitaphe, que nous donnons ici. Cette pierre haute de 0 m. 95 et large de 0 m. 49 ne porte pas la date du décès du fondateur. En 1876, on voyait encore sa tombe dans le chœur auprès des stalles, mais elle était tellement oblitérée qu'on n'y pouvait lire que ces mots : *Jean Chandellon en son vivant pr... (presbtre)*. L'inscription représente, en tête, un prêtre revêtu de son surplis qui doit être l'effigie de ce curé, et en bas, un mort dans un suaire. Elle a été portée sur la liste des monuments historiques par arrêté du Ministre de l'Instruction publique et des Beaux-Arts, en date du 4 avril 1907, signé Briand (2).

---

(1) Les insinuations du Châtelet portent par erreur Maralon.

(2) Cette inscription scellée aujourd'hui sur un des piliers du chœur, se trouvait placée antérieurement près de l'autel.

« Cy devant soubz ceste tombe gist vénérable et discrette personne messire Jehan Chandellon lequel a laissé a l'église de céans quatorze soulz parisis de rente sur une masure, contenant siz perches ou envyron et de présent une maison assize a Saint-Mort, rue des Vaches tenant des deux parts aux hoirs Pierre Gogue, d'autre part a Jehan Luneau, a la charge que les marguilliers de l'église Saint-Nicolas, audit Saint-Maur seront tenuz faire dire et célébrer tous les ans deulx basses messes vigiles a troys psaulmes et troys leçons *libera* sur la fosse dudit Chandellon et fournir d'aornements et luminaire ; la première de ses messes se dira le vingt-deuxième jour de janvier, l'autre le quatrième jour de novembre et aura le curé ou vicquere pour chascune desdites messes quatre soulz et s'il advenoyt que ladite rente feust rachetée, lesdits marguilliers seront tenuz du rachapt l'employer à aultre rente ou héritaige, afin que lesdites messes soyent entretenuz pour le remède et salut de son âme et de ses amys trespassez ».

« Pater Noster. *Ave Maria* ».

Le titre de ladite rente qui s'élevait en 1769 à 17 sols 6 deniers, était un « contrat de vente passé devant Georges Bellard *comis* de Claude-Ferrand, tabellion de Saint-Maur, le 10 septembre 1549, par Michel Villenode au profit de Jean Chandellon, chanoine et curé de Saint-Maur ».

Cette maison était ainsi désignée : « Maison cour et jardin, sise rue des Vaches (Mahieu) aboutissant à ladite rue, proche le grand carrefour et d'autre part à la pelouze ».

C'est celle qui porte le n° 3 de la rue Mahieu et qui sert depuis longtemps à remiser une pompe à incendie.

Dans son ouvrage, *Inscriptions de la France*, M. F. de Guillermy reproduit cette inscription en l'attribuant au xvᵉ siècle. Le décret ministériel qui la classe parmi les monuments historiques la date du xivᵉ. Les documents inédits que nous publions infirment ces opinions et ne permettent plus de douter, comme nous le disions dans notre *Histoire de Saint-Maur*, qu'il s'agit de Jean Chandellon chanoine, curé et bienfaiteur de la paroisse Saint-Nicolas.

Messire Nicolas Mousse était curé en 1564. C'est l'acte de reconnaissance de ses droits sur la vigne des Rougets dont nous venons de parler qui nous a révélé son nom.

Messire Pierre Poirée était curé en 1575 et 1576. C'est lui qui bénéficia des quatres septiers de blé, deux muids de vin, cinquante sols tournois, etc., vus au chapitre précédent.

Messire Robert Chemin, du nombre des quatre vicaires de la collégiale, fut curé depuis 1576 jusqu'en 1613, mourut le 29 avril 1614 et fut inhumé devant le grand autel. Il légua à la fabrique « une maison dite de *l'Épée Royale* tenant à celle du *Mouton*, à la rue des Vaches et au grand carrefour de l'église ». C'est celle qui fait le coin pair de la rue Mahieu et de la rue du Four, dont le style est bien du xvie siècle et qui est occupée aujourd'hui par une mercerie-papeterie.

Messire Grégoire de Bussy (1), natif d'Abbeville demeurant au Cardinal-Lemoine, Paris, prit possession de la cure en 1613, par suite de la résignation probable du précédent titulaire et la quitta par permutation.

Messire Nicolas Ravier fut curé du 8 mai 1616 jusqu'en 1652. On compte que durant les trente-six ans de son ministère, il baptisa huit cent quatre enfants, détail qui peut servir à établir la statistique approximative de la paroisse à cette époque. Il eut de sérieux démêlés avec les chanoines dont il méconnaissait les droits comme nous le verrons par la suite. Il fut même un moment l'objet de lettres de monition et menacé de la vente de ses biens en 1630.

Messire Mathurin Garoche, chanoine de l'église collégiale de Saint-Maur prit possession de la cure par suite de la résignation qui lui fut faite par le précédent, le 15 août 1652.

Messire Aphrodise Baron, curé, prit possession de la paroisse le jour de la Trinité 1658. Il était encore curé en 1660.

Messire René Faugerou, était curé en 1661. Aux registres capitulaires, à la date du 20 avril 1665, il est dit curé de Méry. Il était le neveu de Mathurin Garoche, chanoine, précédemment curé de Saint-Nicolas.

Messire Laurent Dumouchel, docteur en théologie, licencié en droit canon, était curé en mars 1663. Il légua à la fabrique ses effets personnels estimés à 452 livres 19 sols. On trouve aux registres capitulaires, à la date du 9 août 1666, la mention suivante : « Sur le décès arrivé de la personne de Messire Laurent du Mouchel, nostre vicaire perpétuel de la paroisse de Saint-Nicolas du Bourg de Saint-Maur, et qu'il n'y paroist point personne qui prenne possession de ladite cure et comme curé primitif, le Chapitre a

---

(1) Dans un document de l'époque, ce curé est prénommé Grégoire et dans un autre de 1770, Godefroy. C'est évidemment au premier qu'il faut accorder le plus de créance.

ordonné que Messire Lenfant fera la charge du curé à ladite paroisse ». C'était un vicaire perpétuel chargé de l'intérim, désigné d'office, par suite de négligence de la part de l'évêque, de l'exercice du droit de nomination qui lui fut parfois contesté par la famille des Bourbons-Condé.

Messire Jean Palosse a été curé dès le mois d'octobre 1666 jusqu'à sa mort en 1687. Voici son acte mortuaire :

« Jean Palosse, curé ou vicaire perpétuel de la collégiale, âgé de 70 ans, décédé le 27 août 1687, sur les 4 heures, a été enterré par moy, Louis de Beyne, prestre chanoine de l'église royale et collégiale de Saint-Maur, et porté suivant l'usage, par MM. du Chapitre, curés primitifs de ladite église de Saint-Nicolas ».

C'est ce curé qui nous a laissé les meilleurs documents de l'histoire de la paroisse, dans les registres d'état civil qu'il a ouverts et émaillés de renseignements précieux concernant les habitants et les faits les plus saillants de son ministère.

Messire François Louvet, prêtre du diocèse de Séez, prit possession le 31 août 1687 « de la cure de Saint-Nicolas et de la chapelle de Presles au territoire de Saint-Maurice et feut mis en possession par Mme Tougard, dame de confiance » (du presbytère sans doute). Il mourut en 1727. Voici son acte mortuaire :

« Aujourd'hui, 3 septembre 1727, a été inhumé dans le *cœur* de cette église, Messire François Louvet, âgé de 85 ans, curé de ce lieu depuis 40 ans, décédé le jour précédent. L'inhumation faite par nous, soussigné, docteur en théologie de la Faculté de Paris, promoteur rural du doyenné de Chelles et curé de Montreuil-sous-Bois, à laquelle inhumation ont assisté : Messire François Dutot, curé de Romainville et Messire Jean-Martin Josse, curé de Charenton-Saint-Maurice, Messire François Lebastard, curé de Neuilly-sur-Marne, Messire Jacques-Pierre Rousseau, curé de La Varenne-Saint-Maur, Messire Patrice Bodkin, vicaire de ce lieu et Messire Jacques Richard, prestre officier du Chapitre de Saint-Maur et Louis Mesnage, marguillier en charge soussignés ».

« Signé : de Poitvilain ».

Parmi les signataires, Naudier, curé de Conflans.

Messire Patrice Bodkin, qui était vicaire de la paroisse depuis 1715, fut nommé curé vers le 1er février 1728. C'était un prêtre irlandais. Il s'opposa à l'union du chapitre de Saint-Maur à celui de Saint-Louis-du-Louvre et cette opposition semble n'avoir pas été étrangère à sa retraite.

Messire Claude Chambault, ancien prieur de Château-Regnault, chapelain de S. A. S. Monseigneur le prince de Condé en sa baronnie de Château-Briant, curé de Saint-Maur, prit possession en mai 1745 et résigna à son vicaire. Il mourut à Saint-Maur à l'âge de cinquante-huit ans, et fut inhumé dans le chœur de l'église, le 9 novembre 1768. C'est lui qui accepta après quelque résistance, l'union des Chapitres de Saint-Maur et de Saint-Louis-du-Louvre. Il fut chargé par l'autorité épiscopale, de fouiller les tombes de l'église collégiale, et de transporter les restes et la terre qui les avait contenus dans le cimetière paroissial, et d'en faire mention aux registres mortuaires.

Cette dernière prescription n'a point été observée, elle aurait été pour l'histoire d'une très grande importance, car elle permettrait d'identifier les tombes que nous avons décrites dans notre *Histoire de Saint-Maur.*

Messire Claude-Marie Fournier, prêtre du diocèse de Soissons, fut curé à la date du 27 mai 1766, après avoir été vicaire depuis 1757. Il était né à Soissons, le 20 juin 1732. Curé pendant la Révolution, il prêta le serment constitutionnel, comme nous le verrons plus loin, et prit une grande part à la vie municipale en inspirant ou rédigeant bon nombre d'adresses aux autorités nationales ou du district de Bourg-la-Reine. Il mourut à Saint-Maur, le 18 floréal an IX (1801), à l'âge de soixante-neuf ans.

Ricard, Guillaume-Urbain, nommé le 10 floréal an X 30 avril 1802). Précédemment vicaire à Sucy-en-Brie. Le 22 messidor an XII, avec les fonctionnaires et les autorités de la commune, il prête serment à l'Empereur, en présence du sous-préfet de Sceaux.

Le Duc, Louis-Jean-Baptiste, né en 1755, fut nommé à la cure de Saint-Nicolas, le 6 novembre 1805, et installé le 10 novembre de la même année, en présence de Bellin, maire. Il mourut chanoine titulaire de Notre-Dame.

Terrasse, nommé le 25 mars 1814, installé le 31 mai, fut curé jusqu'en 1816. Il eut à supporter le pillage de son presbytère pendant l'invasion et le siège de Paris de 1814. (Voir notre *Histoire de Saint-Maur*).

Charpentier, Georges-François, bachelier en théologie, ancien chanoine de l'église Saint-Étienne-des-Grès, nommé le 5 novembre, installé le 6 décembre 1816. Curé de Charenton, le 22 juin 1821, puis de Saint-Jean-Saint-François, à Paris.

Mourdin, Hilaire, né en 1793, vicaire de la paroisse de Saint-Denis, curé de Saint-Maur, le 2 juillet 1821, installé le 22, démissionnaire en 1837, puis chanoine de Notre-Dame.

Notellet, Jean-Pierre, né le 17 octobre 1802, deuxième vicaire de Saint-Jean-Saint-François, curé du 10 juillet 1837 à 1849. Démissionnaire.

Mugnier, Augustin, installé le 27 mars 1849. Puis curé de Ménilmontant (1858-1869), de Saint-Marcel et chanoine de Notre-Dame, décédé en 1883.

Collomb, Pierre-Adolphe-Marie, installé le 28 janvier 1858, ancien vicaire de Saint-Séverin, décédé à Saint-Maur, le 13 juillet 1876.

Depontaillier, du 15 août 1876 à 1886, décédé le 16 mars 1897, chanoine de Notre-Dame.

Beuscher, de 1886 à sa mort, le 3 août 1904. Une plaque de marbre qui se voit dans l'église rappelle son ministère particulièrement actif et fécond.

Rivenq, installé le 18 septembre 1904, actuellement curé d'Auteuil.

Demay, Jules, installé le 10 juillet 1907, actuellement en fonctions.

La paroisse Saint-Nicolas ne comprenait, à l'origine, que le territoire du Bourg, fermé de murs, c'est-à-dire l'agglomération de la Butte, appelée aujourd'hui le *Vieux Saint-Maur*, qui s'était formée auprès de l'Abbaye. Toute la plaine, ou varenne constituant la majeure partie de la presqu'île, appartenait à la paroisse Saint-Hilaire.

Limite des paroisses.

La paroisse Saint-Hilaire était limitée de toutes parts par la rivière de Marne, par les murs de la cité féodale, et ceux de l'Abbaye ; au sud-ouest, par la paroisse de Saint-Maurice, qui venait en coin, aboutir à la ruelle des Portes. Celle de Saint-Germain de Fontenay-sous-Bois confinait aux murailles du bourg.

Au pied de ces murs couraient deux rues sur l'emplacement présumé du fossé romain, la ruelle de Beaubourg, devenue notre rue actuelle de Beaubourg, et sur son prolongement, la ruelle du Pré-Mineur qui aboutissait à la rue Saint-Honoré (Maurice-

Berteaux), et menait transversalement à la Marne par la ruelle des Portes, aujourd'hui bouchée par le bureau d'octroi. Cette ruelle du Pré-Mineur est enclose dans la propriété de M. Leroy-Dupré ; elle possède encore l'allée d'arbres qui la bordait, et sert à peu près de limite aux communes de Joinville et de Saint-Maur, séparant deux grandes propriétés, l'une déjà nommée et l'autre dite *Le Parangon*, ancien pensionnat dirigé par la famille Rousseau.

Mais des modifications territoriales eurent lieu à diverses époques au profit de Saint-Nicolas. C'est ainsi que dans un acte du 18 mars 1681, nous lisons : « demeurant au Port-de-Créteil, paroisse de La Varenne » ; et dans un autre du 7 février 1695, « Hugues Richard, maistre pescheur à engins, demeurant au port de Créteil, réuni à notre dite paroisse ». Cette réunion coïncida avec le déplacement de l'ancienne église Saint-Hilaire (rebâtie à plus d'un quart de lieue de distance, au village même de Saint-Hilaire, comme on le verra plus loin) et comprit le groupe de trois ou quatre maisons dit « La Branche du Port-de-Créteil ».

La grande étendue du territoire de la paroisse de Saint-Hilaire, comparativement à celui de Saint-Nicolas, confirme l'opinion déjà émise qu'il n'existait à l'origine, dans la presqu'île, qu'une paroisse et que Saint-Nicolas n'était qu'une dépendance de l'Abbaye sans autonomie paroissiale, à l'usage des bateliers et des habitants qui n'étaient pas dispensés pour cela d'assister aux offices de l'église abbatiale.

L'ordonnance de Monseigneur Hardouin de Péréfixe, archevêque de Paris, en date du 13 janvier 1669, détacha de la paroisse de Fontenay les sept maisons les plus rapprochées de Saint-Maur, à la demande des propriétaires eux-mêmes, après enquête dirigée par le curé de Champigny, Guillaume de Lamer, en vertu de la commission à lui adressée par l'archevêque de Paris, signifiée à Messire Jacques Boulanger, curé de Fontenay, et à Messire Jean Palosse « prestre curé de Saint-Nicolas, au bourg de Saint-Maur-des-Fossés, bachelier en théologie ». Cette ordonnance contient les plaintes fort curieuses des requérants et jette quelque lumière sur la vie religieuse à cette époque. En voici un large extrait.

Ordonnance du 13 janvier 1669. « Vu la requête à nous présentée par Messire Simon Chauvin, conseiller-secrétaire du Roy et conseiller au conseil d'affaires de la défunte mère de Sa Majesté ; dame Louise Godefroy, veuve de Messire Jean L'Escuyer, sieur de Chaumontel ; Messire Claude Guéry, conseiller du Roy, ci-devant receveur de tailles à Guéret ; Jean Courtois, marchand bourgeois de Paris ; Hélie Charton ; Hélie et Guillaume Nasse, habitants du bourg de Saint-Maur-des-Fossés, tous propriétaires des maisons sises au dedans et au dehors dudit bourg, exposant que quoiqu'ils soient proche la paroisse et l'abbaye dudit lieu, néanmoins ils sont de la paroisse de Fontenay sous le Bois de Vincennes, distante d'une grande lieue, pour à laquelle se transporter il n'y a que deux chemins, l'un passant par le grand et petit parc (1) dudit bois qui sont fermés de murs avec des portiers aux trois portes de communications d'iceux, ou par le derrière desdits murs aboutissant sur la rivière de Marne (2), laquelle déborde presque toutes les années en sorte que le passage y est interdit, que le château de Vincennes étant une place importante il y a toujours garnison, les portes du grand et petit parc n'ouvrent la nuit que par les ordres des commandants pour le Roy et très difficilement, en sorte que les suppliants et leurs domestiques dans leurs nécessités pressantes ont été souvent privés des sacrements de baptême, de pénitence et extrême onction et sont journellement au hasard de l'être, même ne peuvent satisfaire aux ordres des conciles pour l'assistance aux messes paroissiales des dimanches, et quand les habitants du lieu sont malades ou leurs gens, les ecclésiastiques de la paroisse de Fontenay, pour abréger la fatigue qui est certainement grande qu'ils ont de se transporter audit Saint-Maur, à cause de la longueur du chemin qui est très mauvais et plein de boue quasi en tout temps, apportent en même temps le Saint-Sacrement et l'extrême onction, ce qui est capable d'épouvanter des esprits faibles et qui pis est les pauvres agonisants meurent d'ordinaire sans consolations ni assistance des ecclésiastiques, et ledit éloignement ne peut être qu'une charge pour le curé de Fontenay et à ses officiers ne leur produisant que fort peu d'utilité, attendu qu'il n'y a que les jardiniers des quatre premiers suppliants qui sont obligés à la paroisse dudit Fontenay, iceux suppliants faisant leur demeure ordinaire en la ville de Paris et ne possédant lesdites maisons que pour aller prendre l'air à la campagne... lesdits offrant d'indemniser ledit curé pour son casuel...

---

(1) L'agrandissement du parc de Vincennes en 1658, comprit la construction d'une deuxième clôture venant jusqu'à la gare de Joinville. Il fallait donc passer la porte de Saint-Maur (gare de Joinville), la porte de Beauté (carrefour) et la porte de Fontenay (gare de Fontenay).

(2) L'impasse située au fond de la rue du Pont est l'amorce de l'ancien *Chemin de Beauté*, dont il est ici question.

« Ordonne que lesdites maisons, au nombre de sept, seront réunies à la paroisse de Saint-Nicolas et que le curé de Fontenay recevra une rente annuelle de 24 livres 10 sols perçue sur lesdites maisons » (1).

Les quatres premières maisons, belles propriétés appartenant à des bourgeois parisiens, étaient celles de Chauvin et Guéry, s'étendant de la rue Molette à la ruelle Beaubourg et limitées par la Marne et la rue de Paris ; celles de Jean Courtois et de l'Escuyer (aujourd'hui le Parangon) allaient du marché de Joinville à la ruelle du Pré-Mineur. Les trois autres, des masures d'aspect fort modestes, étaient situées à l'entrée, à droite de la ruelle de Beaubourg. Ainsi les limites de la paroisse se trouvaient reportées à peu près à l'emplacement du marché de Joinville.

La paroisse de Charenton-Saint-Maurice continua de s'enfoncer comme un coin dans celle de Saint-Nicolas en suivant le rebord du plateau de Gravelle et la rue du Canal.

Un autre décret solennel en date du 22 juin 1693, de l'archevêque de Paris, Monseigneur François du Harlay, attribua à la paroisse Saint-Nicolas, le hameau de La Branche du Pont de Saint-Maur, aujourd'hui Joinville, ainsi que la ferme de Polangis, moyennant une nouvelle rente de 45 livres par an au curé de Fontenay. La ferme du Tremblay était, comme aujourd'hui, de la paroisse de Champigny.

Les limites nouvelles s'arrêtèrent au mur du parc de Vincennes qui suivait la rue des Corbeaux (Canadiens), passait à la gare de Joinville et formait la limite des jardins de la rue du Pont, côté pair, au fond desquels on le voit encore. La maison du portier, située dans le parc et à droite en entrant, était de la paroisse de Fontenay ; aussi voit-on dans un acte d'inhumation de Saint-Nicolas que le fils de ce portier « Jacques-Roch Vingdlet, âgé de 11 ans, a été inhumé dans le cimetière de cette paroisse du consentement du curé de Fontenay, le 15 janvier 1788 ».

En 1789, la paroisse de Saint-Nicolas devait constituer la commune de Saint-Maur suivant l'esprit des décrets, mais le hameau du Pont ne voulut pas rentrer dans l'unité municipale et finit par se constituer en commune autonome. Néanmoins, faute d'église, de curé et de cimetière, il resta sous la dépendance spirituelle de la paroisse Saint-Nicolas jusqu'en 1861, époque où

---

(1) Arch. nat., L 721.

l'érection de la paroisse de Joinville exigea le retranchement des portions acquises au détriment de Fontenay-sous-Bois. Les frais du culte commun étaient supportés, jusque-là, par les deux municipalités dans les proportions des deux cinquièmes pour Joinville.

On trouve aux registres de fabrique, mention d'une délibération du conseil municipal de Joinville-le-Pont en date du 24 août 1859, touchant la formation d'une nouvelle paroisse et l'ouverture d'une église dans ladite paroisse. Enfin un procès-verbal du conseil de fabrique, du 21 janvier 1861, constate que la séparation est un fait accompli en vertu d'une ordonnance archiépiscopale.

Les abords de l'église Saint-Nicolas semblent avoir subi des modifications à diverses époques. En 1848, le sol de la *Butte du Vieux Saint-Maur* fut abaissé de quatre-vingt centimètres à un mètre. Avant cette date, l'église

L'église.

se trouvait donc en contrebas du niveau de la place d'Armes. Cette anomalie peut fort bien être attribuée aux constructeurs de l'édifice, car elle n'est pas rare dans les églises romanes ; il a encore un degré à l'entrée. Mais on peut également supposer que la construction du château nécessita le nivellement des abords, notamment de la Pelouse. L'architecte Philibert Delorme le plaça, en effet, sur un tertre de plus de trois mètres de hauteur « colline ou petite montagne, dit-il, qui estoit faicte de la terre qu'on avoit autrefois ostée des fossez qui sont autour de l'Abbaye ».

L'église était anciennement, comme aujourd'hui, adossée au nord à deux maisons séparées par un jardin ; à l'est se trouvait un petit bâtiment servant de sacristie et de corps de garde, comme le montre une de nos gravures, édifice qui a disparu à l'abaissement de la butte en 1848 ; au midi, le cimetière tenait toute la longueur de la nef et du chœur ; à l'ouest, sur la place d'Armes face à la porte d'entrée, et de gauche à droite, on remarquait la porte d'entrée du cimetière, une très vieille maison (dite maison Lagneau) qui servit de mairie, de maison de l'audience et qui ne disparut qu'en 1860. Le long du mur du cimetière s'élevaient quelques petites masures rétrécissant, à cet endroit, l'entrée de la rue du Four. On trouve, en effet, au *Terrier*, des maisons « tenant par derrière au cimetière de Saint-Nicolas ». Dans le village, entouré de murailles, où l'emplacement était fort limité, il avait fallu utiliser au mieux les espaces libres et les morceler en petites parcelles, ce qui explique l'entassement et l'exiguité des maisons.

L'église était donc enserrée dans un pâté de masures que dominait son hardi clocher en flèche.

Nous ignorons à quelle date se place son édification mais on remarque qu'elle appartient à deux époques bien distinctes. La nef, antérieure au chœur, avec un bas-côté ouvert à plein cintre, est sans doute un vestige de la chapelle primitive, dont fait mention le miracle de la pluie, de 1137. C'est une lourde construction sans valeur artistique, recouverte par un comble aux fermes apparentes, dont la charpente est très ancienne et peut-être même contemporaine de la construction.

Le chœur est de l'époque où le style gothique vint renouveler l'architecture religieuse. En général, la nef était édifiée et entretenue par les paroissiens, le chœur par le *patron* ou fondateur de l'église, présentateur du curé. Le village était pauvre, l'Abbaye était riche ; il n'est pas difficile de comprendre que le chœur, partie principale de l'église, emplacement du tabernacle et de l'autel, ait été l'objet particulier des pieuses libéralités des abbés de Saint-Maur.

Le plan de restauration conçu et exécuté en partie au xiiie siècle comportait sans aucun doute la réédification de la nef, comme du chœur. On s'explique ainsi pourquoi le chœur est plus étroit que la nef et présente, du côté du midi, une saillie d'environ o m. 8o.

L'architecte Albrizio, qui s'était spécialisé dans la restauration des édifices religieux, en faisait, en ces termes, l'historique, dans son rapport pour la reconstruction du clocher, vers 1890 : « L'église de Saint-Maur, qui date en partie du xie siècle, se composait, à l'origine, d'une nef couverte d'un comble en bois apparent dont quelques entraits de fermes rappellent à peine aujourd'hui l'existence, et du clocher actuel qui s'élève sur le côté droit et au sommet de cette nef.

« Deux siècles plus tard, l'église s'est agrandie par l'adjonction d'une abside et d'une chapelle de la Sainte-Vierge, attenant parallèlement l'une à l'autre. La base du clocher, devenue par ce changement une des travées de la chapelle, dut être largement ajourée sur les deux faces, en contact avec les nouvelles constructions, ce qui nécessita la démolition de ces faces et la substitution, à la base continue primitive, de piliers reliés entre eux par des arcs doubleaux et formerets, et les nervures de la voûte dont ils reçoivent les retombées. »

Cette opération eut pour résultat d'affaiblir la base du clocher, surchargé d'une flèche en pierre, et, comme conséquence de l'insuffisance de base, une déviation notable de son axe vertical. C'est sans doute pour l'alléger que la flèche dut être supprimée et remplacée par un toit en batière (1).

Viollet-le-Duc note que, de 1200 à 1250, la passion de bâtir fut telle, au nord de la Loire, que beaucoup de monuments romans furent détruits pour faire place à de nouvelles constructions, si bien qu'on ne peut s'expliquer comment il se trouva pendant un espace de cinquante années à peine assez d'ouvriers de bâtiment, sculpteurs, statuaires, verriers, pour exécuter un nombre aussi prodigieux d'édifices. Il cite l'église Saint-Nicolas de Saint-Maur dans une liste d'églises présentant assez d'intérêt pour être mises au rang des monuments historiques (2). C'est bien vers cette époque que fut bâti le chœur et qu'on érigea (sans doute après cet embellissement), la chapelle en église paroissiale (1228 ou 1230).

La façade principale est précédée d'un porche ou marthex, suivant l'usage de l'église primitive, dans le style gothique de la fin du xiii° siècle, dont la fine colonnade se continuait sur la façade de droite, en cloître, par un autre porche semblable. Des traces de dorure indiquent qu'il fut décoré à une époque très rapprochée de nous. Auparavant, il n'avait pas de clôture et on en faisait bien peu de cas, puisqu'en 1788, il était loué pour 8 livres par an, à un maçon du nom de Mouteau qui y déposait son matériel. N'ayant d'autre protection qu'une chaîne reliant des bornes, il était peu garanti contre les dégradations et les souillures.

Ce porche présente six travées, séparées par des colonnettes composites, supportant des arcs ogives. La deuxième travée, à gauche, plus importante, est recouverte d'un léger pignon qui accuse la porte de l'église. Au-dessous, à gauche, part l'escalier de la tribune édifié en 1827. En second plan s'élève un pignon triangulaire, percé de deux fenêtres cintrées, surmontées d'un œil de bœuf (3).

Le chevet est constitué par un grand pignon surmonté d'une croix de pierre, épaulé de contreforts et percé d'une grande baie ogivale à meneaux élégants, épanouis en trèfle, si minces, si

(1) Voir la gravure *Ruines de Saint-Maur*, par LESUEUR, dans notre *Histoire de Saint-Maur-des-Fossés*.

(2) *Dictionnaire raisonné de l'architecture française*, de VIOLLET-LE-DUC.

(3) BOURNON, *Monographie de Saint-Maur-des-Fossés*.

délicats, qu'en entrant on a l'impression que la verrière est d'une seule pièce.

Le chœur présente un grand intérêt artistique avec ses colonnes couronnées de chapiteaux feuillagés, finement sculptés d'après la flore régionale, selon le goût du temps. On y voit de la

Vue de l'Église de S.ᵗ Maur-les-Fossés.
Dépt. de la Seine

vigne, or la vigne à cette époque étendait ses pampres verts sur une partie du *Vieux Saint-Maur* et de Joinville, aux lieuxdits *Les Cliquettes, les Hautes-Fosses, les Rougets, la Maladrerie.* La culture de la vigne était très importante alors dans la région parisienne.

Dans ces chapiteaux, on retrouve la pureté de style et l'élégance qui caractérisent l'architecture ogivale primitive. Le restaurateur de l'église, Albrizio, les a conservés intacts, se contentant de faire enlever l'épaisse couche de couleur grise qui en masquait la finesse.

Les piliers de droite sont des vestiges précieux d'un art qui n'est plus. Les deux premiers sont cantonnés en croix, ce qui est assez rare dans les petits édifices. On voit la vigne et le trèfle sur les deux premiers, sur les autres l'arum ou le trèfle qui dominent à Saint-Maur. On y remarque même le chêne, assez rare dans les églises des environs de Paris. A gauche on distingue la fougère et le trèfle. Les colonnettes couronnées de vigne s'appuient sur une console formée par un beau massif de trèfle (1).

La clef de voûte du sanctuaire est composée de feuilles de trèfle très petites, travaillées avec une grande délicatesse. Celle de la chapelle de la Vierge est formée de vigne avec raisin.

Cette partie de l'église est de l'époque de celles de Chennevières, Nogent, Sucy, ces deux dernières élevées également par les religieux de Saint-Maur, mais elle n'est qu'une partie du plan primitif que les circonstances n'ont pas permis d'exécuter entièrement, comme nous venons de le dire.

La sacristie actuelle ne date que de la fin du XIXe siècle, le mur adossé aux maisons n'avait aucune ouverture, à part les croisées ; il était épaulé par des contreforts extérieurs dont l'un, situé dans l'ancien presbytère, a été coupé pour donner place à une porte, au risque de compromettre la solidité de la voûte du chœur.

Le long de ce mur plat, où s'ouvre aujourd'hui la porte de la sacristie, se trouvait un banc fermé occupé par les quatre religieuses, dites de la Charité, près de la chapelle *Saint-Sébastien,* ou *Saint-Roch,* ou de la *Charité,* située à gauche du maître-autel. L'église possédait en outre la chapelle de la *Sainte-Vierge* et celle du *Nom-de-Jésus.* Par acte en date du 12 juillet 1751, Mme de Pontchartrain en avait acquis les places, ainsi qu'un banc dans la tribune (2) pour 16 livres par an. La moitié des places de la chapelle Saint-Roch étaient louées, en 1768, au comte Prévost de Saint-Cyr pour 120 livres par an et une place près du banc-d'œuvre pour 24 livres.

On remarquait dans le chœur et la nef des inscriptions funéraires qui ont disparu, mais qu'un état de 1769 nous a permis de connaître (3). Celle de Messire Etienne-Dominique de Chaufourneau, trésorier des gardes suisses, enterré dans le chœur de l'église, le 30 mai 1695, a disparu. Elle était de marbre blanc aux armes du défunt et se voyait sur un des piliers du chœur, côté de l'Épître. Nous l'avons donnée dans notre *Histoire de Saint-Maur.*

---

(1) LAMBIN, *Les églises des environs de Paris.*
(2) Du triforium.
(3) Arch. nat., S 3570-3571.

On voyait encore dans l'église les inscriptions suivantes :

DANS LE CHŒUR :

« A l'honneur et gloire de Dieu, M. le Curé et les marguilliers de cette église, présents et à venir, sont tenus de faire dire et célébrer à perpétuité, pour le repos de l'âme de sieur Jérome Daubray, vivant marchand bourgeois de Paris, tous les seconds dimanches de l'année et aussi les fêtes de la Vierge, un salut à l'issue des vêpres, pendant lequel le Saint-Sacrement sera exposé et à l'issue, sera faite la procession autour de l'église, à la charge que lesdits marguilliers fourniront les parements et luminaires pour faire lesdits saluts et faire aussi les distributions ; le tout ainsi qu'il est porté par le contrat de fondation, qui en a été fait et passé par devant Vaultier et Parque, notaires au Châtelet de Paris, le 3 août 1655 » (1).

« A l'honneur et gloire de Dieu, M. le Curé et les marguilliers de l'église Saint-Maur présents et à venir, sont tenus et obligés de faire dire à perpétuité une messe basse en l'honneur du Saint-Esprit, en ladite église au maître-autel, tous les lundis de chaque semaine de l'année, à 5 heures du matin, depuis Pâques jusqu'à la Saint-Rémy, et depuis la Saint-Rémy jusqu'à Pâques, à 6 heures du matin, à l'intention et pendant le vivant de noble homme, Pierre Helyot, conseiller et ancien échevin de la ville de Paris, et de dame Françoise Daubray, sa femme ; et après leur décès, ladite messe sera continuée à pareils jour et heure à leur intention, et pour le repos de l'âme desdits sieur et dame Helyot. Et ce, moyennant une certaine somme qu'ils ont donnée à ladite église, pour être employée à l'ornement d'icelle, le tout ainsi qu'il est déclaré aux deux contrats qui ont été faits et passés par devant Vaultier et Parque, notaires au Châtelet de Paris, le 11 septembre 1653, et le 17 novembre 1656 » (2).

---

(1) Ce legs de 800 livres avait été délivré par Hélyot, exécuteur testamentaire, gendre du défunt.

(2) Le testament énonçait que le sieur Hélyot avait donné 500 livres. Cet Hélyot, conseiller et secrétaire du roi, conseiller de ville et ancien échevin, était administrateur de l'Hôtel-Dieu de Paris, en 1659 et 1665 comme on peut le voir dans le volume, si documenté, de M. MARCEL FOSSOYEUX : *L'Hôtel-Dieu de Paris, aux XVIe et XVIIe siècles,* 1912. Berger-Levrault et Cie, éditeurs, Paris. Il mourut le 11 septembre 1665.

L'Église Saint-Nicolas et le Cimetière, avant 1827
(Voy. p.)

DANS LE BAS-CÔTÉ :

« D. O. M. — Claude Massicot, en son vivant femme de
M. Denis Hardy, praticien, après avoir vécu cinquante ans, a
légué 168 livres tournois à cette église, à condition que les
marguilliers de céans lui feront dire par chacun an, un salut le
premier dimanche de carême et un service de trois messes hautes,
le 21 janvier à pareil jour que son âme s'envola pour le ciel, et
son corps mis en dépôt ci-devant, en l'année 1644. *Requiescat* ».

« Cy devant, gît honorable homme, Jean Guérin, en son
vivant, marchand laboureur, et mourant à Saint-Maur-des-Fossés,
qui trépassa le samedi 20 avril 1575, lequel a donné à l'église
Saint-Nicolas, paroisse de Saint-Maur, 35 sols tournois de rente
annuelle et perpétuelle, à prendre sur une maison, cour et jardin,
appartenant audit Guérin et de son conquet, sise au petit
Charenton-les-Saint-Maur aboutissant par devant à la rue, et par
derrière à Mme la duchesse de Montmorency, à la charge que les
marguilliers seront tenus de faire dire, au jour qu'il décéda, une
messe à notes de *requiem,* vigile, recommandation et libera
sur la fosse et fournir luminaire et ornements. Dites pour lui :
Pater et *Ave* ».

« Cy gît, en attendant la résurrection, le corps de dame
Marie Gassot, veuve du sieur Jean de Meaux, écuyer sieur
de Valière, laquelle décéda le 20 septembre 1651, et le sieur
de Valière décéda à... le 31 août 1633, lesquels ont donné et
transporté 12 livres de rente à l'église de céans, en trois parties,
pour fournir le vin à célébrer les messes, par actes passés
devant Lefèvre, tabellion à Saint-Maur, le 8 avril 1628, et elle
a depuis, fondé une messe de *Beata* les premiers samedis des
mois et un service solennel de trois messes hautes, vigiles
laud. et recommandation, le 7 septembre à perpétuité et une
aumône de 4 livres pour être distribuée aux pauvres à la fin
dudit service solennel par les marguilliers et pour ce, a donné
et transporté deux arpents et demi et demi quartier de terre et
12 livres de rente, en deux parties, par contrat passé devant
Louis Mesnage, tabellion à Saint-Maur, le 20 mars 1651...
Priez Dieu pour leurs âmes ».

« Cy gît Pierre Lequinard, en son vivant greffier tabellion
de Saint-Maur, mort en 1549, lequel a laissé à la fabrique de ce
lieu, 16 sols de rente sur une maison, cour et jardin, à la charge
de deux messes basses de *requiem* ».

DANS LA NEF :

« Cy devant, gît Catherine Lefèvre, vivante femme de feu, M. Nicolas Lefèvre, décédée le 17 juin 1607, laquelle a légué à la fabrique de céans 9 livres 75 sols de rente annuelle à prendre au premier jour d'août, sur la maison où pend le soufflet (1) pour enseigne, au bourg de Saint-Maur, à charge que les marguilliers de cette église feront par chacun an, célébrer pour elle, au 25 mars, une messe haute et y fourniront six cierges et ornements convenables, et le soir du même jour 25, feront chanter un salut, plus le 17 juin, une messe haute de *requiem*, avec vigiles et trois leçons, lesdites messes à chapes portées. Item se feront quatre prières, l'une proche la croix du carrefour, le jour des Rameaux, et les autres' pendant les grand'messes, aux jours de Pentecôte, l'Assomption et Noël, pour ladite défunte ».

« Louise Lefèvre, veuve de feu Marin Vaulx de Claye, sœur de la susdite Catherine, repose en ce lieu et a donné à cette église 150 livres afin que de la rente, par chacun an, les marguilliers de céans fassent célébrer pour icelle, par chacun an, deux messes hautes à chapes portées, l'une le jour de la fête de la Sainte-Anne et l'autre de *requiem* avec vigiles et trois leçons le jour du décès de ladite Louise, arrivé le 1er février 1649, et fourniront luminaires et ornements nécessaires, plus feront faire quatre prières pour icelle, tous les ans, à pareil jour, qu'on en fera pour sadite sœur.

« Dites pour le soulagement de son âme. *Req. in pace* ».

On ne voit plus dans l'église que l'épitaphe de Chandellon, une pierre tombale, celle de Roch Vingdlet, dont nous parlons d'autre part, et l'inscription suivante :

« A la mémoire de M. Edmond Beucher, curé de Saint-Maur (chanoine honoraire de Paris) 1886-1904. Avec le concours du conseil de fabrique, des paroissiens de Saint-Maur et de ses amis, il restaura le chœur et la chapelle de Notre-Dame-des-Miracles. Il mérita l'estime de tous. Priez pour lui ».

Nous avons trouvé trace de quelques grosses réparations faites à l'église, sous l'ancien régime. Ainsi nous lisons dans un acte de mariage du 28 avril 1749 : « Après les fiançailles célébrées le même

---

(1) Maison démolie au percement de l'avenue de Condé.

jour et an que dessus, mariage dans la chapelle dite Notre-Dame-des-Miracles, cédée par Messieurs du Chapitre de Saint-Maur pendant les travaux des réparations actuelles de l'église paroissiale... ». Il s'agissait des réparations de la voûte, de la réfection du dallage et de la construction de la tribune du triforium qui commencèrent en décembre 1748.

Le compte du marguillier, pour cette année-là, s'éleva à 1.191 livres, au lieu de 700 à 800 de moyenne, sans compter 800 livres que le sieur Rondin, mandataire du duc de Bourbon, donna pour la grille du chœur.

Le 22 juillet 1758, furent décidés des travaux pour rétablir la couverture, refaire le pavé du porche, nettoyer le cimetière des immondices, le fermer des deux entrées inutiles et faire deux portes de fer aux deux entrées principales.

En 1766 les dépenses s'élevèrent à 3.055 livres dont voici partie du détail : « A Crimonnet, pour pavage du sanctuaire en pierre de liais et avoir retaillé les deux marches du chœur montant au sanctuaire : 256 livres ; au sieur Hanot, menuisier, pour la boiserie du sanctuaire et le pupitre : 270 livres ; à Hacar, serrurier, pour le balustre du sanctuaire : 323 livres 13 sols ; au sieur Chevalier, pour peinture dans le chœur et le sanctuaire : 1.569 livres 5 sols ».

Le 13 juillet 1773, des réparations sont faites au mur du cimetière « depuis l'audience jusqu'à la maison de la mère Mallet ». Cette citation confirme l'opinion que nous avons émise ailleurs, à savoir que des maisons bordaient le mur du cimetière à l'est, en face des maisons en retrait de la place. La maison de l'audience de justice était au coin du cimetière, sur le prolongement de l'entrée de l'église.

Une délibération du conseil de fabrique, du 1er août 1773 spécifie que la réparation de la couverture de la nef et du clocher seront à la charge de la fabrique, et celui de la couverture du chœur à la charge et aux dépens de Monseigneur l'archevêque de Paris, successeur des chanoines.

Au mois d'août 1777, la sacristie du chevet de l'église fut reconstruite.

Dans les comptes du marguillier de l'année 1788 nous voyons figurer la somme de 113 livres pour réparations faites à la couverture à la suite « de la grêle du 13 juillet ». Un mandement de l'archevêque de Paris, Monseigneur de Juigné, pour le soulagement des paroisses atteintes, nous apprend que cet orage, sans précédent de mémoire d'homme, fit des ravages incalculables dans la généralité de Paris et même au-delà : « Un fléau dont la géné-

ration présente n'avait pas vu d'exemple, s'est étendu autour
de cette capitale et sur plus de cinquante lieues du pays ; les

Église et ancien Cimetière de Saint-Nicolas

bleds, les fruits, les arbres, les vignes, tout a été renversé, brisé,
anéanti ».

L'archevêque prescrivit des quêtes en faveur des victimes et

Saint-Maur figura dans la distribution pour 604 livres, La Varenne pour 160.

Nous ignorons la date d'édification du porche et de celle du cloître qui donnait dans le cimetière. Nous inclinons à croire qu'ils étaient de la même époque que le chœur, c'est-à-dire du xiiie siècle. Ce porche a bien été restauré et modifié en 1827, mais il existait bien antérieurement comme le prouve cet extrait d'un devis daté du 14 août 1778, qui ne reçut pas d'exécution : « Sera également fait les recherches sur la couverture au dessus des *deux porches*, tant celui le long du pignon que celui longeant partie du bas-côté ». Cette dernière partie du cloître, donnant dans le cimetière, a disparu après la désaffectation de celui-ci, qui eut lieu en 1826, et lors de la restauration de 1827, pour permettre l'agrandissement de l'église, comme nous le verrons plus loin.

Le clocher possédait une horloge à deux cadrans dont nous ne connaissons pas l'origine. Peut-être provenait-elle de l'église abbatiale, désaffectée en 1750, qui en possédait une, dont il est fait mention dans un acte de 1578. Il paraît invraisemblable d'admettre que l'église de Saint-Nicolas, située à une très courte distance de celle de Saint-Maur, ait pu avoir une horloge, dont la nécessité ne se faisait nullement sentir. En 1769, on paya à *l'horlogeur*, pour faire sonner la demi-heure, la somme de 52 livres, et 101 livres au sieur Mouteau, maçon, « pour ouvrages de maçonnerie faite à la *boëte* de l'horloge ». Ne serait-ce pas à l'occasion de l'installation de cette horloge, vers l'époque même de la désaffectation, de la démolition de l'église canoniale ? En 1782, une nouvelle dépense de 162 livres est engagée pour de nouvelles réparations. Depuis longtemps, l'instituteur recevait 100 livres par an pour le chant à l'église et le soin de l'horloge qu'il était chargé de remonter tous les jours. Disons en terminant qu'elle disparut à la restauration du clocher, en 1890, et qu'elle fut vivement regrettée par les habitants, dont nous enregistrerons les plaintes en leur temps.

Les réparations précédentes ne furent pas suffisantes pour la sécurité de l'édifice, car une ordonnance de Monseigneur de Juigné, archevêque de Paris, publiée au prône de Saint-Maur, le 30 avril 1786, prescrit de nouvelles réparations au chœur et sanctuaire de l'église, aussi bien qu'à la couverture du porche.

On trouvera plus loin les autres réparations effectuées à l'église et l'inventaire des œuvres d'art très précieuses qu'elle renferme.

Ajoutons cependant que, dans la distribution des reliques de l'Abbaye, faite le dimanche 3o août 1750 par Monseigneur l'archevêque, en la chapelle haute de son palais, il fut délivré « au sieur Chambault, curé, qui s'est trouvé en surplis à ladite chapelle, une châsse de bois doré de deux pieds de long, sur un pied de large et un pied de haut, sculptée et ornée de quatre colonnes, laquelle châsse contenait une vertèbre et une petite côte de saint Babolein ». Le même curé avait déjà reçu le 22 juin 1750 un reliquaire en cristal de roche, à pied d'argent, renfermant une dent de saint Maur. Porteur de la châsse de saint Babolein, le curé arriva à La Branche du Pont de Saint-Maur et alla déposer son précieux fardeau à la chapelle Saint-Léonard. Ce même jour, 3o août, le clergé et les fidèles de la paroisse vinrent prendre la relique et l'accompagnèrent processionnellement jusqu'à l'église Saint-Nicolas.

A Saint-Maur on comptait anciennement un certain nombre de chapelles paroissiales. Trois dépendaient de Saint-Nicolas et une de Saint-Hilaire. En outre, le prince de Condé avait sa chapelle particulière, ainsi qu'un ou deux bourgeois parisiens.

Les chapelles.

Celle de *Notre-Dame-des-Miracles* avait une grande réputation. Bâtie en 646, elle reçut le précieux dépôt du corps de saint Babolein, premier abbé de ce lieu. Elle n'était tout d'abord qu'un oratoire. Sous Charles-le-Chauve, le corps du saint fut apporté dans l'église de l'Abbaye et on éleva un autel à l'endroit où s'était trouvée sa tombe. Vers le xe siècle, on la réédifia dans l'état où elle était encore à sa disparition. Les anciens moines des Fossés avaient une telle vénération pour ce lieu qu'ils n'y entraient jamais que pieds nus.

Cette chapelle fit partie de l'antique Abbaye, puis du collège des chanoines, jusqu'en 1750, époque où les lieux furent abandonnés parce qu'ils étaient inhabitables. Le Chapitre de Saint-Maur fut uni à celui de Saint-Louis-du-Louvre à Paris.

On y voyait une plaque de cuivre où était gravée l'épitaphe de « Noble dame, Madame Isabel d'Augeran, jadis femme de Jehan, seigneur de la Rivière » laquelle fut mère de Jean Bureau de la Rivière, grand maître de l'artillerie sous Charles V, et qui était décédée l'an de grâce 1363.

Une statue miraculeuse en bois, du xie siècle, y était l'objet d'une vénération toute particulière. La légende de son origine merveilleuse, datant de 1060 ou 1069, que nous avons reproduite dans notre *Histoire de Saint-Maur*, est extraite d'un *Recueil de miracles de la Vierge, arrivés en divers lieux,* écrit en 1328 par Renaud de Citry « prieur de Saint-Mor ». Ce volume, bien calligraphié et finement rehaussé d'enluminures, est à la Bibliothèque de Sainte-Geneviève (1).

Cette chapelle était dans l'enceinte de l'Abbaye, au fond de l'impasse du Jeu-de-l'Arc et à gauche. A partir de la suppression du Chapitre, elle revint à la paroisse qui la fit desservir par un chapelain jusqu'à sa fermeture, le 31 décembre 1790. L'acte d'union spécifiait : « Dans le cas où la susdite union aura lieu, la chapelle Notre-Dame-des-Miracles subsistera à perpétuité pour être régie et administrée par le curé et ses successeurs... avec tout le mobilier... à la charge par ledit curé d'entretenir un prêtre ou chapelain qui dise tous les jours la messe en la susdite chapelle, auquel ils donneront (les chanoines) pour cet effet, 150 livres par an, à charge d'acquitter les fondations et de faire apprendre à lire et à écrire gratis à six pauvres enfants de la paroisse que ledit curé désignera au maître d'école, auquel ils donneront 30 livres par an » (2).

En exécution de cet acte, le vicaire de la paroisse, Louis Brion, en devint le premier chapelain. Il mourut en fonctions le 4 juillet 1764, et fut inhumé dans le chœur de ladite chapelle. Il eut pour successeurs : Messire Jacques-Nicolas Thierry, 1765 ; François-Benoît de Grandmaison, 1768 ; Louis-Augustin Picqueray, 1772 ; Jacques Douchin, dernier chapelain, prêtre âgé et infirme qui pendant la Révolution prêta le serment constitutionnel, comme tous les prêtres de Saint-Maur, et tomba à la charge du curé de la paroisse après la fermeture de la chapelle.

Le procès-verbal des scellés, apposés sur l'antique chapelle, par la municipalité, est du 31 décembre 1790. Une pièce adressée au district de Bourg-la-Reine porte à 300 livres environ son revenu, fondations, cotisations des confrères, produit des chaises. Elle fut vendue et démolie à la Révolution. Il en reste quelques vestiges dans la propriété du sénateur Maujan qui a fait élever sur les anciennes fondations une construction à créneaux (3).

---

(1) Bibliothèque de Sainte-Geneviève — Manuscrit 546. (*Miracula beate Marie...*).

(2) Arch. nat., LL 73.

(3) Propriété acquise par les religieuses dominicaines.

La *chapelle de Notre-Dame de Presles* était située à peu près à l'intersection des rues du Canal et du Viaduc, aux confins de la paroisse de Saint Maurice (1). La prise de possession du curé Louvet, en date du 31 août 1687, mentionne cette chapelle comme faisant partie de la paroisse Saint-Nicolas. Un acte de 1459

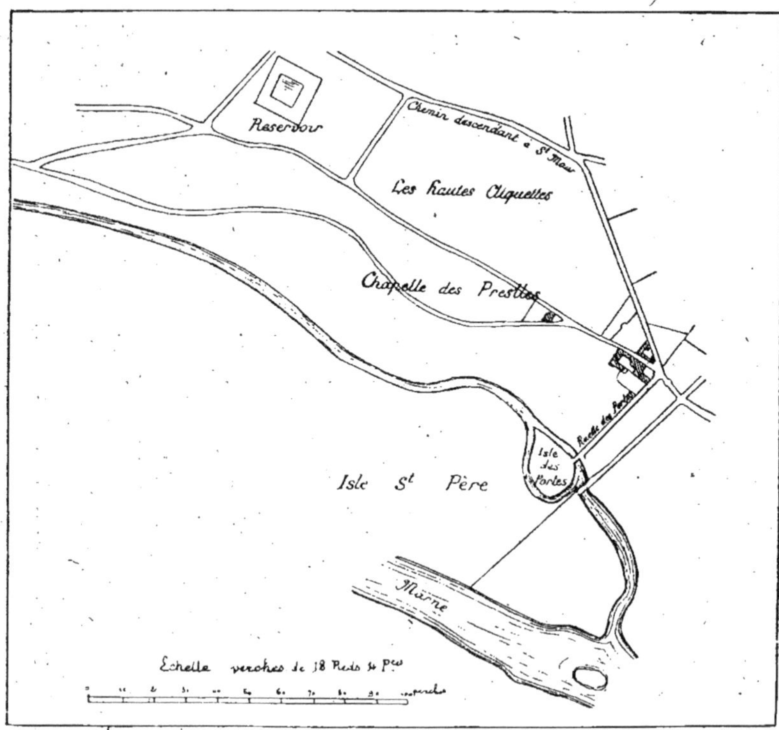

Extrait d'un plan du Parc et du Château de Vincennes
Arch. nat. N III 854 (Seine)

indique qu'il s'y était constitué une confrérie et qu'elle était desservie par un prêtre de La Varenne, détail qui confirme ce que nous avons déjà dit, savoir qu'avant la réunion du Port-de-Créteil

_____

(1) Elle existe encore, 31, rue du Canal, au pied du viaduc du chemin de fer. La voie ferrée a reporté un peu plus loin le carrefour de la route de Charenton et du chemin de Presles.

à Saint-Nicolas, tout le territoire de la presqu'île, moins le *Bourg*, était de la paroisse Saint-Hilaire.

L'abbé Lebeuf dit que plusieurs ermites en ont fait leur demeure ; nous pouvons étayer cette opinion par un document inédit du 10 mai 1700, rédigé par le greffier du Chapitre : « Sur la demande faite par frère Louis, hermite étably en la chapelle de Presle, à ce qu'il plut à la compagnie lui donner un certificat de vie et mœurs, le Chapitre a délibéré que ce certificat lui serait délivré par le greffier dans lequel il attestera que ledit frère est assidu aux offices divins de notre église et à servir la sainte-messe et aussy que sa chapelle est entretenue par luy proprement et en bon état ».

Enfin la *chapelle de Saint-Léonard* était située près du pont de Saint-Maur, aujourd'hui de Joinville, à l'emplacement de la maison qui porte le n° 5 de de la rue du Pont. Elle était fort ancienne à en juger par les mentions que nous en avons trouvées au *Cartulaire* de l'Abbaye. En 1231, l'abbé des Fossés permet à « Estienne, chapelain du Pont, de tenir en sa main demy arpent de terre scis derrière sa maison ». En 1259, elle était desservie par un chapelain du nom de Jean Ret et au XVIIe siècle par un autre chapelain, Messire Pierre Masson, comme nous l'apprend l'inscription funéraire de ce prêtre, mort curé de Choisel, près de Chevreuse, en 1691.

La petite agglomération de la *Branche* et le pont sur la Marne lui donnaient une certaine importance. Deux documents anciens semblent préciser la date d'édification de ce pont, aussi important que celui de Charenton. En 1110, Louis le Gros remit aux religieux de Saint-Maur le droit de cens sur le *passage* au *port Olins* (ainsi s'appelait ce lieu), ce qui laisse supposer l'existence d'un bac à cette époque. En 1205, l'évêque de Paris, Odo, reconnaît par lettre qu'à sa prière, l'abbé et monastère des Fossés lui ont permis de faire construire un pont à chaussée au port Olin pour éviter le naufrage des passants, sans y pouvoir édifier moulins ni autre chose qui puisse porter préjudice « à ladite abbaye grange et prez dicelle » (1).

Mais revenons à la chapelle Saint-Léonard pour en reprendre l'histoire jusqu'à sa disparition. Déjà en 1706, un document capitulaire constate son peu de décence et son état de délabrement. Dès ce moment elle ne servit plus de station à la procession des

---

(1) Cartulaire de Saint-Maur. Grange de Polangis.

Rogations. Cependant en 1790, la nouvelle commune de La *Branche* y fit célébrer les offices par un minime de Vincennes, le père Bauche, devenu un moment, l'aumônier de la garde nationale. Le jour de la fête de la Fédération, c'est là que les habitants rassemblés entendirent la messe, les gardes nationaux en armes, les jeunes citoyennes habillées de blanc et parées de rubans aux couleurs nationales. En 1792, le district de Bourg-la-Reine autorisa le citoyen Lejeune, maréchal, à faire reconstruire une partie du mur de la chapelle qui menaçait ruine, et qui communiquait avec sa forge dont les étincelles tombaient presque sur la table des ornements. Ces réparations ne prolongèrent pas de beaucoup son existence. Le 10 mars 1803, son état de délabrement faisant craindre des accidents, le sous-préfet prit un arrêté autorisant sa démolition et la vente des matériaux. Elle fut adjugée au citoyen Crapart (Bazile-Nicolas) aubergiste au pont de Saint-Maur pour la somme de 325 francs et le même jour l'emplacement « pouvant contenir onze mètres ou environ de longueur sur quatre mètres soixante centimètres, non comprise la partie formant demi-cercle, qui contient cinq mètres de diamètre » fut adjugée au citoyen Lemaire, aubergiste, pour 12 francs par an. Ainsi disparut cette chapelle très ancienne dont l'histoire est liée à celle du vieux pont de Joinville, à celle de la paroisse de Saint-Maur et plus anciennement à celle de Fontenay-sous-Bois.

Les curés des deux paroisses, les églises — quoique régies temporellement par des marguilliers — étaient sous la dépendance des chanoines, succédant aux religieux dans tous leurs droits. Ces curés furent choisis par l'évêque **Droits du chapitre.** de Paris, patron présensateur en qualité de doyen du Chapitre, parmi les chanoines ou les vicaires perpétuels de la collégiale, mais le plus souvent parmi les prêtres de diocèses souvent éloignés. Toutefois, les chanoines à la suite des religieux, se considérèrent toujours comme les curés primitifs des villages relevant en fiefs de leur mense (1).

Ils affirmaient leurs droits en déléguant deux d'entre eux pour faire l'office et prêcher aux jours de fêtes patronales. Ainsi, on jtrouve souvent cette mention : « *Pro divinis,* pour faire l'office le ou r de Saint-Nicolas, par exemple, M. X... à l'autel, M. Z... aux

---

(1) Ils étaient seigneurs de Nogent, mais Saint-Maur était de la maison des Bourbons-Condé.

sacrements ». Ils en usèrent ainsi jusqu'à l'extinction du régime canonial, en 1749, pour toutes les paroisses placées sous leur dépendance comme Chastres-sous-Montlery (Arpajon), Neuilly-sur-Marne, Noisy-le-Sec, Sceaux-en-Gâtinais, Boissy-Saint-Léger.

Les desservants des paroisses dépendant du Chapitre n'avaient que le titre de vicaires perpétuels et défenses leur étaient faites de prendre celui de curés. Un arrêt du Conseil du 12 mars 1644, rendu à la requête des chanoines, interdit à Laurent Dumesnil, vicaire perpétuel de Noisy-le-Sec « de se dire et qualifier *curée* de la paroisse de Noisy-le-Sec, comme aussi de prendre et percepvoir les mesmes dixmes et novales (1) sur les terres d'icelle, pareillement de troubler en la perception dicelles ledit Chapitre ».

Le mode de rétribution des curés était généralement la dîme. Jusqu'à la Révolution, le curé primitif, propriétaire de la cure, gardait pour lui le plus gros du revenu et abandonnait au curé suppléant une faible part, appelée portion congrue. A cause du peu d'importance des deux paroisses, les deux curés de Saint-Nicolas et de Saint-Hilaire auraient vécu dans une situation voisine de la misère, sans le traitement en nature que leur servaient les abbés, puis les chanoines ou les Bourbons.

Quelques-uns de ces vicaires perpétuels, ceux de Saint-Maur en particulier avaient un gros, servi par le Chapitre sur le produit de ses fermes, et consistant en distributions de vin et de grains ; cette dépendance les mettait à la merci des chanoines, qui leur infligeaient des amendes sous forme de retenue faite par leur receveur.

« Je plains, disait Voltaire, le sort d'un curé de campagne obligé de disputer une gerbe de blé à son malheureux paroissien. Je plains encore davantage, le curé à portion congrue, à qui des moines, nommés gros décimateurs, osent donner un salaire dérisoire pour faire les fonctions les plus pénibles et les plus désagréables ».

Nous n'avons cependant pas trouvé trace de plainte ni de difficultés de cette nature touchant les relations des curés de la presqu'île avec leurs paroissiens. Par contre, ils supportaient mal l'autorité des chanoines qui les réduisaient, en quelque sorte, au rôle de simples vicaires et qui les tenaient eux et leurs paroissiens, dans une dépendance peu compatible avec les devoirs de leur ministère et les libertés dont jouissait ailleurs l'assemblée des habitants.

---

(1) Dîmes sur les cultures nouvelles, sur les terres nouvellement mises en culture.

Il en fut généralement ainsi au xvıı^e et xvııı^e siècle. L'église avait alors, elle aussi, sa hiérarchie féodale. Les curés qui sont le tiers-état de l'église se sont élevés avec le Tiers-État et n'ont pas été étrangers à cet esprit de liberté et de lumière qui guida le peuple vers l'émancipation révolutionnaire. C'étaient des prêtres instruits, au-dessus du vulgaire, respectés, portant le titre de *messire*, animés d'idées libérales, ayant souffert des abus et vu de près le peuple, qui en souffrait plus qu'eux encore. C'est ainsi qu'on a pu dire avec raison, que le xvııı^e siècle est dans l'église le siècle des curés.

Dans les documents que nous avons compulsés émanant tous, ou des chanoines ou des curés, cette supériorité sur leurs paroissiens éclate franchement. Les registres de paroisse sont bien tenus ; sans les curés et les religieux, notre histoire ne serait que vagues traditions ou légendes.

Mais voyons le développement et les échos de cette lutte générale des curés contre les moines, et particulièrement à Saint-Maur contre les chanoines.

Dès l'origine, nos desservants s'insurgèrent contre le Chapitre, pour se libérer de sa tutelle, et assurer l'autonomie de leur paroisse. On trouve de nombreuses contestations, tranchées par des arrêts du conseil signifiés par des sergents, des saisies et même un arrêt de prise de corps contre le curé Ravier, pour avoir protesté, avec scandale, à une inhumation faite par les chanoines, se prévalant de leurs droits de curés primitifs.

Les desservants devaient assister aux offices et processions des chanoines, et en avertir leurs fidèles au prône.

Peu de temps après la sécularisation de l'Abbaye, nous trouvons comme un écho de la résistance, déjà ébauchée par le curé de Saint-Nicolas, dans la délibération qui lui est signifiée, le 31 mars 1594 : « sera admonesté d'amener ses paroissiens à ce jour de Pasques pour venir à la procession ».

Le 28 mai 1615, le Chapitre ordonna que « sur le mespris fait par le curé de Saint-Nicollas paroisse de ce lieu d'assister ou faire assister son vicaire suivant la coutume aux processions de Saint-Marc, Rogations et aultres quil doit assister avec Messieurs, (1) ledit sieur curé sera adverty de faire assistance esdites processions et en cas de négligence sera citté par devant l'official de Paris ».

La querelle avec ce curé fut des plus vives et des plus obstinées.

---

(1) Titre donné aux chanoines.

Condamné à la requête des chanoines, il protesta en quittant un moment sa paroisse et en se faisant remplacer, de sa propre autorité ; enfin après une saisie de ses biens, il consentit à se soumettre avec arrangement à l'amiable.

Les chanoines avaient obtenu contre lui un arrêt du Parlement, du 7 septembre 1630, confirmatif d'une sentence donnée par le prévost de Paris, le 8 juillet 1625, par laquelle « les chantre chanoines et Chapitre de l'église collégiale de Saint-Maur-des-Fossés, sont maintenus comme curés primitifs en la possession de lever les corps des trépassés, assister au convoi et enterrement de ceux qui décèdent dans La Garenne et Bourg de Saint-Maur, lorsqu'ils en seront priés par les parents et amis du défunt, et gardés dans le droit et possession d'administrer les sacrements, dans l'enclos abbatial, aux bénéficiaires et officiers et leurs domestiques, faire la bénédiction des Rameaux, dire ou faire dire le sermon ledit jour et aux fêtes solennelles, faire les processions des Rameaux, Rogations et Fêtes-Dieu, et tous actes curiaux dans l'église Saint-Nicolas le jour et feste dudit saint... ».

Les péripéties de cette lutte sont exposées dans la plainte suivante : « Le lundy, 21ᵉ jour d'octobre 1630, sont venus en chapitre Messire Nicollas Mesnage, consierge des maisons de ce lieu (1), Lois Mesnage, greffier au bailliage dudit Saint-Maur, Anthoine Mesnage et Maurice Bourrée, tous habitans de ce lieu de Saint-Maur, qui nous ont dict et représenté que, de tout temps, les habitans de ce lieu de Saint-Maur ont recongnu le chapitre de céans curé primitif de l'église Saint-Nicollas, paroisse de ce lieu de Saint-Maur, en ceste qualité ont fect sans contredict tous offices curiaulx en ladicte église jusques au trouble que en a esté fect par Messire Nicollas Ravier, prebstre vicaire perpétuel dicelle église contre lequel le Chapitre a obtenu sentence qui a esté confirmée par arrest du septième septembre dernier passé, duquel lecture a esté présentement fecte en Chapitre en la présence des susdits habitans depuis lequel arrest ledict sieur Ravier se seroit absenté et depuis na fect aulcun office en ladite esglise et leur a envoyés ung prebstre à eulx incongnu pour faire les offices, comme ce qui est de l'ordre, ont requis messieurs dy pourveoir au désordre qui journellement arrive et pourroit arriver. Lesquels habitans ont fect plainte que ledit sieur Ravier, de son autorité privée, a fect ouvrir une porte qui entre de son pres-

______

(1) L'Abbaye.

bytère en l'église Saint-Nicollas, paroisse de ce lieu, aulx préjudice et danger de ladicte esglise pour le respect des ornements et aultres choses appartenant à icelle, et nous ont requis pour la seureté que ladicte porte feust meurée et bouchée et, en oultre, nous ont requis tenir la main à ce que le service qui se fect en ladicte église Saint-Nicollas, soit fecte à aultre heure que celluy de l'église de céans, conformément aux arrest ».

Les habitants et les marguilliers, qui tenaient pour le curé, résistèrent comme lui et quelques-uns furent cités devant la cour du Parlement de Paris. Les chanoines ne négligeaient rien pour imposer le respect de leurs prérogatives.

Le curé devait faire résidence dans la paroisse. Une sentence de l'officialité de Paris, du 18 janvier 1660 est rendue contre Messire Aphrodise Baron, curé de Saint-Nicolas de Saint-Maur, par laquelle il est condamné « résider sur sadite cure et main levée à luy faicte des choses sur luy saisies ».

Les paroissiens et le curé devaient assister aux offices qui se faisaient à la collégiale après ceux de la paroisse ; mais les curés ne se conformaient pas de bonne grâce à ce devoir, confirmé par les ordonnances synodales du diocèse, et par des sentences du Parlement.

« Le 17 août 1648, le chapitre a ordonné que Messire Nicolas Ravier, nostre vicaire perpétuel à Saint-Nicollas, sera adverty de dire doresnavant son office à telle heure, que les habitans de ce lieu puissent assister commodément à l'office de céans ».

C'était le Chapitre qui recevait les mandements, les communiquait au curé et lui faisait connaître les dispositions arrêtées par lui, pour y satisfaire. Le 27 mai 1661, il ordonne que pour le jubilé d'Alexandre VII, il sera dit une messe du Saint-Esprit et ajoute que « Messire René Faugerou, nouvellement reçu vicaire perpétuel de la paroisse de Saint-Nicolas, sera adverti de prévenir les habitants au prosne de la messe de paroisse d'y assister, ainsy quil a esté tousiours prattiqué en pareil cas ».

Le samedi 12 mars 1678, des prières sont ordonnées par l'archevêque de Paris pour la conservation du roi et le succès de ses armes et le curé Jean Palosse est prévenu « qu'il ayt a commencer les prières des quarante heures, le même jour, lundy ».

Le mardi 15 juillet 1692, à l'occasion de la prise de Namur, le Chapitre ordonne aux habitants, par l'intermédiaire du curé, de chanter le *Te Deum,* et, le soir, de faire « des feux en signe de joye ».

Ainsi, l'autorité des chanoines, sur la paroisse et sur le curé, se trouve suffisamment établie. Mais le Chapitre prélevait des droits à l'occasion des convois d'enterrement auxquels il assistait et même sur les offrandes. En 1613, le Chapitre « ordonne que pour son assistance aux enterrements il sera payé 6 livres par les héritiers du déffunt ». Il prélevait également une partie des offrandes remises aux curés. Ainsi, le roi Henri IV ayant séjourné cinq jours au château de Saint-Maur, au mois de juillet 1602, le curé fut chargé, par le Chapitre, de recevoir les offrandes royales. Il reçut 8 livres 15 sols, mais ne voulut donner au Chapitre que 35 sols, c'est-à-dire le cinquième de cette somme pour la seule fois que le roi avait entendu la messe dans l'église collégiale. D'où contestation nouvelle touchant le casuel.

L'affluence des pélerins à l'église de Saint-Maur constituait une des ressources importantes des chanoines ; quelques-uns des curés de Saint-Nicolas se permettaient de détourner les messes de dévotion à leur profit.

« Le 21 novembre 1594, admonestation contre le curé de Saint-Nicolas, Robert Chemin, qui arrête les pélerins et leur fait faire leurs dévotions, en leur disant que l'église de céans est fermée et qu'il n'y a personne ; deffenses luy seront faites de plus user de telles fassons ».

Le curé de Saint-Nicolas n'avait pas que son gros, il jouissait du casuel et touchait même des droits sur les inhumations faites par les chanoines, de défunts n'habitant pas l'enclos abbatial. Ainsi le convoi du marquis de Pisany, en 1599, coûta « 25 livres pour les chanoines, 2 livres pour les sonneurs et 3o sols pour le droit du curé de Saint-Nicolas », quoique l'inhumation eût été faite dans l'église collégiale (1).

Cet état de dépendance dura jusqu'en 1750, à la suppression du Chapitre de Saint-Maur, uni à celui de Saint-Louis du Louvre, à Paris. C'est ainsi qu'on trouve encore à la date du 16 septembre 1720, en revendication des droits supérieurs du Chapitre, au sujet du mandement de l'archevêque de Paris, prescrivant des prières pour les pestiférés de la Provence. « Le chapitre a ordonné que très humble remonstrance serait faite

---

(1) Voir notre *Histoire de Saint-Maur-les-Fossés,* p. 137.

à Monseigneur l'archevêque de Paris, à ce que les mandements lui soient adressés directement, même ceux qui regardent la paroisse du village, l'église de Saint-Maur (la collégiale) étant l'église matrice supérieure du bourg de Saint-Maur ».

Dans un *cursus* (1) ou itinéraire pour la visite des églises de l'archidiaconé de Paris, pour l'année 1645, nous relevons les heures et les droits perçus, le mardi 4ᵉ jour de juillet 1645.

10 h.	Conflans	52 sols	6	deniers
11 h.	Pont de Charenton . . .	52 —	6	—
3 h.	La Varenne	26 —	3	—
4 h.	Saint-Nicolas-des-Fossez	26 —	3	—
5 h.	Nogent	52 —	6	—

Ainsi les paroissiens avaient un pasteur, et, en outre, un supérieur ecclésiastique, le Chapitre auquel ils devaient l'obéissance, l'assistance aux offices, aux processions. Cette double autorité fut une source de conflits et de difficultés dont les registres capitulaires contiennent de nombreux échos (2).

Les processions étaient une des manifestations religieuses les plus populaires, les plus colorées, les plus impressionnantes, c'est **Les processions.** pourquoi de nombreux artistes se sont plu à les représenter dans le cadre pittoresque des vieilles rues de village ; la richesse des ornements, la variété des couleurs, l'expression des figures recueillies, formaient un harmonieux contraste avec la rusticité du décor. Diderot avoue qu'il n'a jamais pu voir passer une procession, entendre « ce chant grave et pathétique sans que ses entrailles n'en aient tressailli et que les larmes ne lui soient venues aux yeux ».

Nous allons indiquer quelques-unes de ces processions dont nous pourrons suivre le cortège sur le territoire de nos paroisses.

L'église collégiale qui possédait les reliques de saint Maur et de saint Babolein était un lieu de pèlerinage fort renommé. Tous les ans, à la Saint-Jean, avait lieu ce grand concours de peuple et de malades dont nous avons décrit ailleurs l'étrange dévotion. Cette affluence de pèlerins était alimentée par les miracles dûs à l'intercession de saint Maur. Il existait dans l'église un registre sur lequel étaient inscrites les attestations des témoins sur le fait

---

(1) Arch. nat., L 517.
(2) Arch. nat., LL 54 à 73 (de 1577 à 1750).

Église Saint-Nicolas (18..), par Bonnardot
(Voy. p. 139)

Statue de Notre-Dame des Miracles
XIe siècle,
(Voy. p. 54)

miraculeux. On en retrouve des fragments aux Archives nationales (1). Mais, outre cette grande procession et celle à Notre-Dame-des-Miracles, il s'en faisait dans de nombreuses occasions, soit dans l'enclos du cloître, soit autour de l'église Saint-Nicolas, soit même assez loin, comme nous allons le voir, et même à Paris.

Le lundi 13 juin 1412, pour le succès des armes royales les habitants de Saint-Maur, conduits par les religieux, allèrent pieds nus jusqu'à Notre-Dame de Paris. « Avec dix-huit bannières, des reliques très grant foison, vingt croix et chantèrent la grant messe » (2).

A peine les chanoines étaient-ils installés qu'ils prenaient la délibération suivante : « Le lundy 15ᵉ jour d'apvril 1577, a esté ordonné que l'on yra en procession tous les dimanches a Notre-Dame de Presles ».

Le samedi 28 juin 1626, surveille du jour et fête de Saint-Pierre et Saint-Paul, anciens patrons de l'Abbaye, le Chapitre ordonne « que l'on yra en procession à la Belle-Croix, à laquelle procession seront invités y assister les habitans de La Varenne et de ce lieu de Saint-Maur... » Cette croix était située à l'entrée du plateau de Gravelle, sur le chemin de Paris.

En juin 1628, le reliquaire d'argent contenant le chef de saint Maur fut volé. La relique enveloppée de taffetas rouge, et les parchemins authentiques furent retrouvés dans un champ près de Saint-Mandé, le 5 mai 1629 (3). A l'occasion de cet heureux événement, l'archevêque de Paris permit d'ériger une croix au lieu de l'invention et prescrivit une procession annuelle. « Le quatrième jour de may prochain 1630, seront dictes après vespres matines, et le lendemain cinq dudit mois, le pleu matin que faire se pourra sera en l'église de céans célébrée la grande messe après laquelle sera fecte la procession jusques au lieu et champ où a été trouvé ledit reliquaire et là sera chantée l'antienne *Sanctus Maurus,* le verset *ora pro nobis* et la collecte *excita,* et ensuite sera continuée la procession jusqu'à la chapelle Saint-Mandé où sera célébrée la messe Monsieur Saint-Maur ».

Cette procession, longue et fatigante, ne se maintint pas longtemps ; le 28 avril 1636, à la demande des chanoines, l'arche-

---

(1) Arch. nat., L 454.
(2) *Journal d'un bourgeois de Paris.*
(3) Entre Saint-Mandé et Picquepusse, à la Croix-Fossés (Lebeuf).

vêque ordonna qu'elle se ferait dorénavant à la paroisse Saint-Nicolas ; elle se continua ainsi tous les ans.

Le 17 août 1648, le Chapitre prévient le curé Nicolas Ravier « De ne manquer doresnavant de publier la procession qui se fait annuellement pour le roy suivant l'édit du roy et l'ordonnance de Monseigneur l'Archevêque, le jour de l'Assomption, et de s'y trouver, à peyne d'encourir les peynes contre lui portées par ledit arrest, et la présente ordonnance lui sera signifiée par un sergent ». Cette précaution et de nombreux rappels au devoir montrent que les curés n'obéissaient qu'avec la plus mauvaise grâce aux prescriptions du Chapitre, curé primitif, leur supérieur spirituel. Nous en trouvons une nouvelle preuve dans la délibération suivante :

« Lundy 31ᵉ jour de mars 1659, Monsieur Baron depuis peu vicaire perpétuel de la paroisse du Bourg de Saint-Maur sera adverti que le Chapitre de Saint-Maur a droit, comme curé primitif de ladite paroisse, de faire la bénédiction des Rameaux, avec la procession le dimanche des Palmes, les deux processions des deux feries de Pasques, du jour Saint-Marc, des Rogations, de l'Ascension, du Saint-Sacrement et toutes autres processions solennelles, ordonnées extraordinairement par les supérieurs, comme pareillement de faire faire en leur église collégiale les sermons du dimanche des Rameaux mercredy saint et le jour de Pasques, sans qu'en tels jours aulcunes aultres processions ou sermons se puissent faire en la paroisse, d'autant que ledit vicaire perpétuel doibt assister avec ses paroissiens à ceux qui se font par ledit Chapitre à la réserve des processions des Rameaux, Ascension et Saint-Sacrement, auxquels jours il doit *ensencer la procession lorsqu'elle passe devant la croix du grand carrefour* » (1).

Ces processions étaient donc fort longues et les stations très éloignées. C'est ainsi que le 27 avril 1653 pour gagner l'indulgence plénière, accordée par une bulle d'Innocent X, il est ordonné que l'on fera des stations « en l'église de céans, en la chapelle Notre-Dame-des-Miracles, en la paroisse Saint-Nicolas, en la chapelle Saint-Léonard au pont de Saint-Maur, et que l'on récitera à chacune cinq fois *Pater* et *Ave* ».

Parfois les stations ci-dessus étaient complétées par celle de

---

(1) Au chevet de l'église Saint-Nicolas.

Notre-Dame de Presles, et alors la procession se déroulait sur un très grand parcours, dans un ordre qu'il est permis d'évoquer ainsi : les chanoines au nombre de neuf, ayant à leur tête le chantre ganté, portant le bâton d'argent, sorte de crosse, insigne de sa dignité, les quatre vicaires perpétuels, le maître des enfants de chœur, les enfants de chœur, le clergé des paroisses et tous les habitants, croix et bannières (1) au vent, au son des six cloches de l'église Saint-Maur, des quatre de l'église Saint-Nicolas, sortaient du fond de l'impasse du Jeu-de-l'Arc avec la châsse du chef de saint Maur recouverte d'étoffe précieuse de couleur rouge, portée sur un brancard reposant sur les épaules de deux prêtres, et cette théorie de clergé et de fidèles, chantant des chants liturgiques, descendait la rue du Four, prenait le chemin de Charenton pour aller à Notre-Dame de Presles, montait à la croix de Saint-Maur, située à l'entrée du plateau de Gravelle, descendait à la chapelle Saint-Léonard, au pont de Saint-Maur, et revenait à l'Abbaye en longeant un bras de Marne, chemin aujourd'hui représenté par la rue du Chemin-Vert, à Joinville.

Quand la châsse de saint Maur était promenée ainsi processionnellement les curés des deux paroisses étaient tenus de la porter. C'est ainsi qu'une ordonnance du Chapitre, en date du 3o juin 1596, précisait que « Touttefois et quantes que l'on portera la châsse du chef Sainct Maur, elle sera portée par les curez de Saint-Nicolas et de La Varenne ou par aulcunz à ce commis à leurs despens ; sous peine de trente livres d'amende ».

Cette ordonnance ne faisait que confirmer une coutume pratiquée de toute ancienneté.

Les processions des Rogations, pour la bénédiction des fruits de la terre, se faisaient le premier jour à Saint-Hilaire, en suivant le chemin de La Varenne, aujourd'hui la rue du Pont-de-Créteil, le boulevard de la Pie et la rue des Perdrix et plus tard le boulevard Voltaire, quand l'église fut déplacée ; le deuxième aux Minimes du bois de Vincennes (2), car, de ce côté, les champs à bénir allaient jusqu'au carrefour de Beauté où se trouvait l'ancienne enceinte du Parc, le troisième jour à Notre-Dame-de-Presles. Plus tard la procession trop fatigante aux Minimes fut modifiée ainsi : on tournait à la

____

(1) Celle de Saint-Maur portait d'un côté l'effigie du saint et de l'autre celle de Saint-Pierre, et au-dessous les armes des chanoines, un T accosté de de deux fleurs de lys.

(2) Entre la route de Tournan et le lac de la Porte-Jaune.

porte de Saint-Maur, aujourd'hui la gare de Joinville et on descendait à Saint-Léonard.

Au commencement du xviiie siècle, cette chapelle était déjà si délabrée, que le Chapitre dut prendre la résolution suivante, le 7 avril 1706 : « Attendu le mauvais état de la chapelle de Saint-Léonard et du peu de décence avec laquelle on y dit la messe, a ordonné qu'à l'avenir la procession du lundy d'après Pasques continueroit de se faire au pont, mais que la station se ferait à Notre-Dame-des-Miracles et que la messe se diroit au retour de ladite chapelle, ce qui sera aussi observé pour les processions ou stations du mardy des Rogations ».

La procession des Rogations à Saint-Hilaire était plus longue encore et donnait lieu à certaines obligations passées à l'état de coutume. Le curé ou son vicaire venait au devant des fidèles de Saint-Maur et un déjeuner de pain bis, beurre et œufs était offert aux chanoines officiants. Le 17 mai 1599, le curé de La Varenne est blâmé pour avoir manqué à ses devoirs, avoir même tenu la porte de son église fermée et il est « condampné a une admende de deux escuz, et daultant qu'il na adpresté ou commandé le desjeuner de Messieurs a esté ordonné que le septier de bled eschéant et venant de Torcy, sera pris pour satisfaire a partie des frais du desjeuner ». C'était une retenue sur une partie de son traitement que lui servaient en nature les chanoines, sur le produit de leurs fermes.

Encore ici la négligence du curé n'est qu'un épisode de cette longue lutte que les desservants entreprirent contre les chanoines pour conquérir l'autonomie paroissiale et se libérer d'une subordination onéreuse. Ajoutons que le jour de Pâques, les habitants de la paroisse de Nogent venaient en pélerinage à la châsse de saint Babolein, accompagnés du clergé et des marguilliers, puis à Notre-Dame de Presles.

Mieux que toute autre description, un tableau figurant au-dessus de la porte d'entrée de la sacristie donnera une idée plus vive de ces processions à Saint-Maur. Il représente l'évêque de Paris, Enée, accompagné de prêtres et de religieux, portant sur ses épaules le corps de saint Maur à l'Abbaye, le 22 mars 868. Ce tableau est du peintre Gendron, élève de Paul Delaroche, et daté du siècle dernier. Il a été donné par la famille de l'artiste. Privé de documents précis, le peintre n'a pu malheureusement fixer la véritable perspective du monastère et des lieux adjacents.

La vie religieuse de nos pères a compté beaucoup de
ces processions ; on en faisait pour demander la pluie, pour
remercier le ciel d'une année d'abondance, pour conjurer le
fléau des maladies épidémiques, etc. En ces temps de foi
ardente, simple, nos pères demandaient tout au ciel. Il ne
faut point s'en étonner; le bon peuple ignorant, malheureux,
ne trouvait la lumière, la consolation, le secours que dans la
prière. Au bon vieux temps, il mettait tout son art et toute
sa poësie à chanter les louanges de Dieu; les cérémonies
religieuses, les édifices du culte parlaient à son âme ingénue,
élevaient son esprit. L'art est né de l'idéal religieux, surtout.
C'est lui qui a symbolisé le triomphe de la croix en l'élevant
jusque dans les nues ; c'est lui qui a découpé sur l'azur de
France l'admirable dentelle de pierre de nos cathédrales ;
c'est lui qui a donné le jour au théâtre dans la représentation
des Mystères; c'est lui qui a libéré l'esclave ou le serf et fait
l'homme libre par l'idée de la fraternité en Jésus-Christ. La
religion chrétienne est la religion définitive, disait Renan,
parce qu'il voyait en elle la perfection de la morale et du
sentiment. C'est elle, en un mot, qui a été la source pure
de l'art et de la vertu dans ce qu'ils ont de sublime, et aussi
la douce et vieille chanson qui a bercé d'un chant d'espérance
la grande misère de nos pères.

On compta deux confréries dans la paroisse de Saint-
Nicolas, après l'extinction du Chapitre. La plus ancienne, celle
de *Notre-Dame-des-Miracles* eut son siège
dans la chapelle de ce nom, jusqu'à la
Révolution. Elle avait été fondée le 26 avril
1614, par les chanoines, à la demande de
quelques fidèles de Paris et de Saint-Maur
qui « reconnaissaient l'aide et secours apportés aux pélerins »
par la Vierge miraculeuse, mais elle ne fut érigée que le
3 août 1624, par ordonnance de l'archevêque de Paris,
Monseigneur de Gondy. Le pape Urbain VIII par un bref du
7 mai 1627, accorda plusieurs indulgences à ceux qui s'y
feraient inscrire. Le pélerinage, le jour de pardon Notre-
Dame, comme on l'appelait, qui attirait à Saint-Maur la foule
des fidèles, s'accomplit chaque année encore, le deuxième
dimanche de juillet, à la paroisse Saint-Nicolas.

Cette époque fut celle d'une véritable renaissance du culte
de Marie. Elle eut son éclatante confirmation le jour de la

**Les confréries.
Le père Olier.**

consécration officielle de la France à la Vierge, par le roi Louis XIII en personne, dans une cérémonie solennelle à Notre-Dame de Paris, le 15 août 1638, en exécution d'un vœu pour obtenir un dauphin qui fut Louis XIV. C'est ce qu'on appelle le *vœu de Louis XIII*.

C'est sous la protection de Notre-Dame-des-Miracles que le père de Condren, général de l'Oratoire, avait placé un petit noyau de prêtres qu'il destinait à la prédication et à la fondation de séminaires, pour la réformation du clergé. Vers 1639, ces prêtres se réunissaient à Saint-Maur, dans une maison appartenant à la mère de deux d'entre eux, les frères Brandon. En 1640 et 1641, la petite communauté se composait de : Olier, le futur fondateur du séminaire de Saint-Sulpice; François Caulet, dit l'abbé de Foix, qui fut évêque de Pamiers; Philibert Brandon, qui fut évêque de Périgueux; son frère Balthasar Brandon, ancien maître des comptes à Paris, plus connu sous le nom de l'abbé de Bassancourt; du Ferrier; Picoté, d'un extérieur peu avantageux mais fort versé dans la direction des âmes ; Amelotte qui entra à l'Oratoire; Meyster, qui vint moins souvent à Saint-Maur, et, un moment, M. de Mégrigny, avocat à la cour des Aides (1).

Si le père de Condren était leur directeur, c'est M. Bourdoire, curé de Saint-Nicolas de Paris qui fut leur maître dans la cléricature. Il leur fit quitter leur chapelle particulière pour les faire assister aux offices de la paroisse en surplis (2). Cette chapelle particulière était située dans la maison qui porte aujourd'hui les n°s 5 et 7 de la rue de Paris. Nous la retrouverons au moment de la Révolution, époque où les églises étant fermées, les fidèles suivaient les exercices religieux en se cachant.

La confrérie abolie sous la Révolution fut rétablie en 1806 et le pape Pie VII lui accorda de nombreuses indulgences. Un auteur avance qu'on trouvait sur le registre de la confrérie le nom de l'empereur Napoléon Ier inscrit à la date du 1er janvier 1812 (3).

Les élèves des pères de la compagnie de Jésus de Vaugirard

---

(1) *Vie du père de Condren,* par AMELOTTE (1643) ; *Vie du père Olier,* par NAGOT et par FAILLOT.

(2) *Histoire de Saint-Nicolas-du-Chardonnet* (1612-1908), par P. SCHŒNHER.

(3) *Pèlerinages des environs de Paris,* par l'Abbé SALMON (1874).

et ceux du petit séminaire de Notre-Dame-des-Champs avaient coutume de venir visiter le sanctuaire, tous les ans, vers le milieu de mai.

En 1830, l'abbé de Geslin, placé sous les ordres de Monsieur Frère à Saint-Nicolas-du-Chardonnet, tomba malade. On fit des prières à Notre-Dame-des-Miracles qui accorda une guérison miraculeuse. En reconnaissance de ce miracle, on offrit le tableau votif dont nous parlons au chapitre de l'inventaire.

La dévotion à la Vierge de Saint-Maur était soutenue par l'image vénérée d'une madone en bois, très ancienne dont nous avons donné la légende miraculeuse dans notre *Histoire de Saint-Maur-des-Fossés*. Cette statue attribuée au xie siècle a été portée sur la liste des monuments historiques par arrêté du Ministre de l'Instruction publique et des Beaux-Arts en date du 4 avril 1907. Certains auteurs pensent que cette Vierge, à en juger par l'attitude de son bras gauche, a pu figurer sur un calvaire, à droite de la croix ; c'est bien ainsi qu'on représentait anciennement la Vierge au calvaire, mais la figure n'exprime pas la douleur de la Vierge en pleurs. Quoi qu'il en soit, de nombreux ex-voto témoignent encore aujourd'hui de la dévotion toute particulière des fidèles à Notre-Dame-des-Miracles.

Une autre confrérie dite de *Saint-Roch et de Saint-Sébastien* avait son siège dans l'église paroissiale et une chapelle particulière à gauche du maître-autel. Elle avait fait l'objet d'un bref d'indulgences du pape Innocent XI, en date du 31 août 1688.

Cette confrérie, dit un document de l'époque, érigée en la paroisse de Saint-Maur-les-Fossés par ordonnance de l'archevêque de Paris, Monseigneur François du Harlay, en date du 9 février 1689, doit exciter d'autant plus la piété des fidèles qu'elle jouit de grands privilèges et avantages qui lui ont été accordés par un bref du souverain pontife. Les fidèles des deux sexes pouvaient, en effet, gagner l'indulgence plénière : 1° le jour de leur entrée dans la confrérie ; 2° à l'article de la mort s'ils peuvent invoquer de bouche ou de cœur le nom de Jésus ; 3° si nourris de la sainte communion, ils visitent la chapelle de la confrérie le jour de la fête de ladite confrérie.

La confrérie dotée d'autres indulgences offrait encore des avantages spirituels après la mort. Un règlement spécifiait qu'il serait dit des messes au décès des confrères ou des consœurs, et qu'il serait fait un service général pour les sociétaires défunts le lendemain de saint Roch. Aux processions, le bâton de saint Roch devait être porté par un confrère, de préférence un garçon.

Cette confrérie était si populaire qu'une liste des sociétaires pour l'année 1788 semble contenir les noms de tous les habitants du village, tant elle est longue (1).

On sait que saint Sébastien est le patron des chevaliers « du noble jeu de l'arc ». Or, il existe encore à Saint-Maur une vieille compagnie d'archers dont la date de fondation n'est pas connue. On sait que les compagnies d'arc ont une origine religieuse. On croit généralement que Rothade, évêque de Soissons, institua la première *confrérie* de Saint-Sébastien pour la garde, de jour et de nuit, des reliques de saint Médard et pour maintenir l'ordre pendant les jours d'affluence des pélerins. La compagnie de Saint-Maur a-t-elle la même origine et servait-elle à maintenir l'ordre dans les grands jours de pélerinages ? C'est probable, car elle avait primitivement son siège à l'église collégiale où, dès 1595, on trouve une chapelle dédiée à saint Sébastien. Ces confréries s'étaient fondues dans les compagnies d'archers créées par ordonnance du roi Charles V.

Leurs statuts furent révisés le 29 novembre 1733 par l'abbé de Saint-Médard « grand maître du noble jeu de l'arc et des confréries de saint Sébastien dans le royaume de France ». Ce sont ces règlements qui, légèrement modifiés au XIX\ siècle, subsistent encore. La compagnie de Saint-Maur reçut le 27 avril 1733, permission des chanoines de faire mettre sur le drapeau les armes du Chapitre : un T accosté de deux fleurs de lys et au-dessous les lettres S M. Elle reçut ses nouveaux statuts en 1734.

On voit dans l'église Saint-Nicolas un tableau de saint Sébastien provenant vraisemblablement de la collégiale, désaffectée en 1750. Ce tableau est du Caravage, célèbre peintre italien (1569-1609) dont la manière se distingue par de violentes oppositions d'ombre et de lumière, ce qui donne à ses œuvres une vigueur de dessin et de coloris impressionnante. Il a une grande valeur artistique et figure sur la liste des monuments classés. Nous le retrouverons au chapitre de l'inventaire des œuvres d'art.

---

(1) Arch. nat., H⁵ 3825.

L'ancien clocher de Saint-Nicolas avait une architecture compliquée, mais élégante qui lui donnait un cachet tout particulier. Il eut primitivement une flèche en pierre, comme le clocher de Nogent-sur-Marne, et plus tard, un toît en battière dont les deux pignons portaient les cadrans de l'horloge. C'est la restauration de ce clocher, surtout, qui fit perdre à l'église son titre de monument classé.

Les cloches.

Les cloches étaient un accessoire indispensable au culte et même à la vie civile de la paroisse. Elles servaient à tous les appels des habitants, au tocsin, à la convocation des assemblées populaires.

Nous apprenons par les registres capitulaires, que l'église collégiale possédait quatre grosses cloches dans le clocher du midi et deux petites dans le clocher du nord, et que ces cloches furent refondues en décembre 1735.

L'église Saint-Nicolas en avait quatre. Ainsi les cérémonies religieuses étaient accompagnées ordinairement de la voix de ces dix cloches, groupées sur un même point du village, ce qui devait former une assez bruyante sonnerie, on le conçoit.

En ce qui concerne celles de Saint-Nicolas, nous n'avons trouvé que les deux documents anciens que voici :

« L'an 1763, le 23 may, à l'issue des vêpres accompagné de notre clergé avons béni une cloche dite le *tiers*. Le parein, Monseigneur Louis-Joseph de Bourbon, prince de Condé seigneur de ce lieu, la mareine, Mlle Elisabeth-Alexandrine de Bourbon-Condé, qui représentés par Messire Antoine Mélécot, procureur fiscal de ce lieu et par Magdelaine Joly Savin, ont nommé laditte cloche *Louise-Elisabeth* les jour mois et an que dessus et avons signé :

> Lachambre, *antien* marguillier ;
> Pinccloup, marguillier en charge ;
> Gatine, second marguillier ;
> Fournier, vicaire ; Chambault, curé ».

Mais cette troisième cloche n'eut pas une longue existence puisqu'un autre document nous apprend que le 7 octobre 1775 « les quatre cloches de la paroisse fondues en ce lieu le jour précédent furent baptisées suivant le rite ordinaire ».

« La première a été nommée *Marie-Thérèse-Bathilde* par S. A. S. Monseigneur Louis-Henri-Joseph de Bourbon-Condé et par Louise-Marie-Thérèse-Bathilde d'Orléans, duchesse de Bourbon, princesse du sang.

« La seconde cloche a été nommée *Marie-Jeanne-Catherine* par dame Marie-Jeanne Moray de Séchelles, veuve du ministre d'Etat.

« La troisième, tenue par M. Jacques-Alexandre Mantel, avocat, conseiller en l'amirauté générale de France, a été nommée *Jeanne*.

« La quatrième a été nommée *André* par M. André Bouton ».

Dans un compte de l'année 1775, nous assistons en quelque sorte au détail de l'opération. « Payé au sieur Antoine, fondeur et sieur Poinhet son délégué pour la fonte des quatre cloches de la paroisse, compris 20 livres de matière fournie, 631 livres » ; suit un autre compte de dépenses accessoires pour l'exposition des cloches, pour la pesée, pour le passage au bac de Créteil des poids ayant servi à cette pesée, pour la nourriture fournie aux ouvriers les jours de la fonte, etc.

Le 9 octobre suivant, les cloches nouvellement fondues furent pesées. Cette opération donna 1081 livres pour la première, 756 livres, 577 livres, 437 livres et demie pour les suivantes, soit un total de 16 livres et demie de plus qué les anciennes.

La *Marie-Thérèse-Bathilde* existe encore. Elle a été portée sur la liste des monuments historiques, par décret en date du 4 avril 1907. Elle a donc traversé seule la tourmente révolutionnaire comme l'indique d'ailleurs un inventaire de 1802, qui ne compte qu'une cloche. Les trois autres avaient été sacrifiées aux besoins de la défense nationale, sous la Révolution.

Pendant la guerre de 1870, le journal *Le Siècle* ouvrit une souscription pour doter l'armée de canons. Le conseil municipal de Saint-Maur, réfugié à Paris, entra dans cette vue et vota l'achat d'un canon qui porterait le nom de *Saint-Maur*. Mais la commune n'ayant pas de fonds disponibles, on arrêta que les cloches seraient fondues. On ne donna pas suite à cette idée et la cloche historique traversa encore cette périlleuse étape de sa longue existence.

La sonnerie de l'église comprend deux cloches. La plus grosse est postérieure à la Révolution. A l'époque de la restauration du clocher elle était fêlée. Durant les travaux on l'avait placée sous le porche de l'église. Elle fut refondue en 1894 et bénite, suivant le rite ordinaire, avec M. de Coetlogon comme parrain et Mlle de Vertamy comme marraine.

Les curés de l'ancien régime étaient des pasteurs spirituels et des fonctionnaires du pouvoir central. Suivant la coutume de Paris, le curé ou le vicaire de la paroisse, assistés de trois témoins pouvaient, à défaut de notaire, recevoir les testaments.

Rôle des curés.

Ils devaient publier en chaire, « au prosne de l'église parocchiale » les saisies ou les ventes de biens. Ils étaient chargés de faire la police des suspects, de provoquer les témoignages en cas de vol ou de crime, de recommander aux paysans les modes de culture prescrits par les intendants, d'annoncer les chasses du seigneur, etc... Le prône remplaçait la gazette et servait à toutes sortes de publications. Toute la vie religieuse ou civile de la paroisse avait son centre à l'église, c'est pourquoi les curés acquirent une si grande influence sur l'esprit du peuple. Par les services de toute nature qu'ils lui rendaient : conseils, protection, écritures publiques, ils s'attirèrent en beaucoup d'endroits une affection bien méritée. Celui de Saint-Nicolas prit une grande part aux actes municipaux sous la Révolution et aux difficultés qui s'élevèrent alors entre les deux municipalités de Saint-Maur et de *La Branche* (Joinville). Presque tous les rapports sont de lui, même les adresses, aux assemblées révolutionnaires. Les curés étaient donc des agents de transmission de l'autorité royale et des « officiers de morale », et de l'ordre public.

Celui de Saint-Nicolas était secondé par un vicaire. Nous trouvons que, par testament en date du 19 avril 1669, un bourgeois parisien, Simon Chauvin, habitant Saint-Maur, lègue à la fabrique 1.200 livres pour une rente attribuée au vicaire « afin de lui donner plus de moyens de faire sa fonction et particulièrement en celle de l'instruction des enfants » (1).

Les fonctions civiles du prêtre donnaient à l'église un caractère de lieu public qui s'accentuera encore, comme nous le verrons, pendant la période révolutionnaire. Les assemblées des habitants s'y tenaient, même quand il s'agissait de discussions profanes. On considérait le chœur comme étant à Dieu, la net au peuple. Dans certains pays on allait jusqu'à y tenir la foire ou le marché en cas de mauvais temps.

Enfin les curés tenaient les registres de paroisse où tous les actes de l'état civil étaient inscrits et où quelques-uns

---

(1) Arch. nat., T 1629. Habitait maison Gloess, propriété limitée par la rue de Paris, la rue Beaubourg et la Marne.

notaient avec de minutieux détails les événement survenus pendant leur ministère. Ces registres de nos anciennes paroisses sont de précieuses sources pour notre histoire locale. Tenus en double, ils devaient être déposés tous les trois mois au greffe des tribunaux. Cette mesure avait été imposée par François Ier, par l'ordonnance de Villers-Cotterets de 1539, mais ceux de Saint-Hilaire ne commencent que le 18 avril 1620, pour se terminer le 28 novembre 1792 ; ceux de Saint-Nicolas vont de 1680 à 1793. Ils sont tous aux archives de la commune.

A côté de l'autorité spirituelle du curé, l'Église avait placé l'autorité temporelle des marguilliers. Ces comptables étaient choisis pour un an par le curé, les anciens marguilliers et les notables assemblés dans l'église au son de la cloche (1). L'élection avait lieu le Ier mai généralement. Le marguillier sortant rendait compte de sa gestion, puis les électeurs, le curé en tête, *nommaient* à haute voix celui qu'ils jugeaient le plus digne de ces fonctions.

La Faculté de médecine de Paris avait organisé, dès le xvie siècle, à l'Hôtel-Dieu, une école de sages-femmes qui eut une grande réputation. Elles recevaient là, l'enseignement professionnel et un certificat d'aptitudes, à leur sortie ; mais, pour exercer leur art, elles devaient être agréées dans chaque paroisse par le curé et les paroissiens assemblés. Cette présentation publique était une cérémonie que l'église entourait d'une certaine pompe, parce qu'elle la considérait comme nécessaire au respect de la morale, et à l'administration du sacrement de baptême, dans les cas de danger de mort.

Baptêmes.
Sages-femmes.

Voici trois procès-verbaux de réception de sages-femmes à l'église Saint-Nicolas.

« Par ordre de Monseigneur l'archevêque de Paris, en date du 30e jour de novembre 1699, faisant sa visite dans notre paroisse nous avons reçu Anne Composion maîtresse sage-femme suivant

(1) Un arrêt du 25 février 1763, rendu pour la paroisse de Nogent-sur-Marne, donne la composition du bureau ordinaire de la paroisse ; cinq membres, trois au moins. Aux assemblées générales on ne doit appeler que les personnes de condition, telles que les nobles, officiers de judicature, avocats, commissaires des pauvres, anciens marguilliers, notables. On ne doit regarder comme notables que ceux qui payent au moins 12 ou 15 livres de taille ou de capitation.

ses lettres d'apprentissage des directeurs de Paris et de la maîtresse sage-femme de l'Hôtel-Dieu, en date du 10 juin pour être admise à ladite fonction suivant sa capacité et expérience, ce 4ᵉ décembre an que dessus et avons signé et avons reçu son serment. — Louvet, curé ».

« L'an 1757, le 28 du mois d'août, nous, soussigné, avons approuvé pour sage-femme dans ce lieu, Marie-Jeanne de Poix, femme de Pierre-François Boyer, tailleur de pierre, avec les cérémonies requises et accoutumées, présence des habitants et au son de la cloche. — Chambault, curé ».

« L'an 1768, le 3 juillet, après l'annonce faite au prône le même jour, les habitants assemblés à l'issue des vêpres au son de la cloche en la manière accoutumée, nous, curé, marguilliers et habitants, avons reçu Marguerite Cantin, femme Mouton, marchand tailleur d'habits, pour exercer les fonctions de sage-femme dans cette paroisse, à quoi elle a été déclarée capable par les chirurgiens de Saint-Côme de Paris et a prêté le serment de fidélité selon l'usage accoutumé ».

Le 21 septembre 1783 eut lieu la réception de Marie-Josephe Jaillon, femme de François Garet et le 1ᵉʳ juin 1786, celle de Marie-Louise Signy, femme de Nicolas-Jacques Mazoyer.

Dans une paroisse aussi petite le sort de la sage-femme n'était pas très enviable, aussi, à la demande du curé, la fabrique prit-elle à sa charge le logement de l'accoucheuse par la délibération suivante :

« Le 9 juin 1771, devant les marguilliers et habitants assemblés dans la salle du presbytère, à l'effet de délibérer sur la demande faite par Claudine Champenois femme de Charles Delangre, sage-femme exerçant sa profession dans cette paroisse, M. le Curé a dit que le casuel, que reçevait ladite sage-femme pour le fruit de ses soins et de ses peines auprès des femmes de ladite paroisse qu'elle accouche, étant trop modique pour la faire subsister et n'étant pas d'ailleurs payée de plusieurs à cause de leur indigence, il était impossible qu'elle pût s'attacher à ladite paroisse, que c'était là probablement une des raisons qui avait empêché d'autres sages-femmes qui étaient venues avant elle s'établir dans cette paroisse, d'y rester et de s'y arrêter, qu'un moyen qui paraissait plus propre à M. le Curé à fixer dans ce lieu ladite sage-femme et d'exciter son émulation et son zèle, pour l'exercice de sa profession, était de lui affecter un logement aux dépens de la fabrique. L'affaire mise en délibéré a été conclu qu'il serait affecté un logement à ladite sage-femme par la fabrique, qu'en conséquence et pour ne pas trop charger ladite fabrique la sage-femme serait logée à la Saint-Rémy de la présente année dans la chambre qui appartient à ladite fabrique dans la maison dite de Notre-Dame, sise en ce lieu rue du Four, carrefour à l'avoine (1). Le loyer de cette chambre qui était de 20 livres serait compensé par l'égale somme prise annuellement dans la bourse des pauvres. A quoi tous ont souscrit vu l'avantage public qui en résultera, et ont signé ».

Il se trouvait dans le village de Saint-Maur un ou deux chirurgiens qui donnaient leurs soins aux malades et pouvaient procéder à l'ondoiement des enfants en cas d'urgence.

L'usage de choisir un prénom à l'enfant est peut-être antérieur à celui de tenir compte du nom patronymique qui ne fut à l'origine qu'un surnom ou qualificatif joint au prénom. Les noms des saints plus particulièrement invoqués dans chaque paroisse furent les prénoms les plus communément donnés; c'est ainsi qu'à Saint-Maur, sous l'ancien régime, nous voyons dominer les prénoms de Roch, Sébastien, Pierre, Paul, Marie, Nicolas surtout, et même Maur qui n'était pas d'une euphonie très heureuse peut-être. Il était également d'usage de faire choisir le nom des garçons par les parrains, celui des filles par les marraines.

Parmi les parrains ou marraines qui ont tenu des enfants sur les fonts baptismaux de Saint-Nicolas nous avons relevé les plus grands noms de l'armorial de France, même ceux du duc et de la duchesse de Bourbon, qui, en bons maîtres, ne refusaient pas un tel service à leurs domestiques. Si l'on s'en rapporte à ce trait et au fait que les employés de la maison de Bourbon constituaient de véritables dynasties, dont les offices passaient du père au fils généralement, on est forcé de rendre hommage à la bonté des maîtres comme à la fidélité des domestiques. C'est un des traits particuliers à ce temps si injustement décrié, d'avoir uni les maîtres et domestiques, comme l'ancienne clientèle romaine, dans un même foyer élargi et tutélaire.

Il serait trop long de faire passer sous les yeux de nos lecteurs les noms de tous ces personnages illustres. Sans compter les « officiers » du château dont quelques-uns étaient de bonne noblesse, il y a toujours eu dans le bourg, une dizaine de nobles ou de bourgeois parisiens qui ont habité les vieux

---

(1) Coin de la rue et de la place d'Armes.

hôtels que l'on y voit encore. Nous mentionnerons seulement la naissance d'hommes qui ont joué un rôle notoire dans l'histoire ou dans la société aristocratique de l'ancien régime.

Le sixième enfant du prince de Condé, Henri-Jules de Bourbon-Condé, naquit à Saint-Maur le jeudi 9 novembre 1673, et y fut baptisé. Ce fils, qui fut Monseigneur le comte de la Marche et eut pour parrain le prince de Conti, mourut le 20 février 1677.

Bourbon de Vatry, ministre de la marine sous la Révolution, était né à Saint-Maur, le 24 novembre 1761 (1).

Le 1er octobre 1770, fut baptisé dans la chapelle du Château, Bathilde-Louis-Joseph de Combault, fils du vicomte d'Auteuil, le parrain Louis-Henri-Joseph de Bourbon-Condé, la marraine Louise-Marie-Thérèse-Bathilde d'Orléans, sa femme.

Antoine-Buphile-Waldemar-René de Brancas naquit au Petit-Bourbon, le 4 août 1784.

' Anne-Joséphine-Marie de Bouillers naquit à Saint-Maur, le 27 décembre 1786.

Parmi les grands mariages bénis dans l'église Saint-Nicolas, nous citerons les suivants :

Mariages.

Le 1er décembre 1718, mariage de Guy-Marie de Lopriac, fils du marquis de Coetmadeu, et de Louise de Roye de la Rochefoucault de Blansac, béni par Monseigneur l'évêque de Nantes, Comme témoins, tous les de la Rochefoucault, Clermont-Tonnerre, de Nangis, etc.

Le 15 mai 1752, mariage de Louis-Auguste d'Ysarn de Monjeux, comte de Villefort et Thérèse-Sophie de Sibert ; parmi les témoins, de Latour du Pin.

Le 9 septembre 1772, mariage, fait au Château, de Philippe-Etienne des comtes de Bachi du Caylar avec Elisabeth-Suzanne de Jaucourt.

Le 17 février 1787, mariage de André-Marie, marquis de Sinety et Antoinette-Constance de Brancas ; parmi les témoins, Constantin, landgrave de Hesse, Prévost, marquis de Saint-Cyr.

---

(1) Un autre ministre, Maurice Berteaux, est né à Saint-Maur, 2, rue du Four, chez ses grands-parents maternels, M. et Mme Orbelin, le 5 juin 1852.

Suivant une coutume très ancienne (de l'époque carolingienne), on plaçait autrefois les cimetières autour des églises et on inhumait les habitants notables dans la nef, les prêtres, plus particulièrement, dans le chœur.

Inhumations. L'ancien cimetière de Saint-Nicolas longeait la façade méridionale de l'église, occupant l'espace formant aujourd'hui un large trottoir planté d'arbres. Malgré le petit nombre d'habitants de la paroisse, ce cimetière était certainement insuffisant, si l'on tient compte des noyés qu'on retirait de la Marne de temps à autre. Ainsi en 1717 et 1718, on compte de nombreux ouvriers noyés en travaillant à la reconstruction du pont de Joinville. Des ouvriers carriers étaient souvent victimes d'accidents mortels dans les carrières exploitées à Saint-Maur dès la plus haute antiquité.

Un certain nombre de nourrissons parisiens, que les parents envoyaient à Saint-Maur, à cause de la « subtilité de l'air », y succombaient chaque année. Tant de décès exigeaient un champ de repos plus étendu ; or, celui de la paroisse ne pouvait être agrandi, faute de place ; aussi voyons-nous enterrer dans l'église et sous les porches. Au xviiie siècle cette pratique fut ardemment combattue par Voltaire, et des ordonnances royales vinrent la limiter par la permission préalable des pouvoirs publics. Dès le milieu du xixe siècle elle avait disparu à Saint-Maur.

Il nous serait impossible de citer tous les morts qui ont voulu dormir leur dernier sommeil dans l'ombre du sanctuaire, le plus près possible de Dieu, au milieu des fidèles, des vivants, comme pour avoir plus de part à leurs prières, et s'imposer à leur souvenir. Nous ne mentionnerons ici que les plus importants personnages.

Dominique de Chaufourneau, conseiller du roi, trésorier du régiment des gardes-suisses et autres troupes étrangères, est inhumé dans le chœur de l'église le 30 mai 1695 (1).

Esprit François-de-Paule, fils de Monsieur d'Ormesson, maître des requêtes, conseiller, âgé de huit mois, a été inhumé dans la nef de l'église, le 22 juin 1722 (2).

---

(1) Nous avons donné son épitaphe en marbre blanc dans notre *Histoire de Saint-Maur*. Il est fâcheux que ce marbre ait disparu.

(2) Cette famille était apparentée à Saint-François-de-Paule et suivait la tradition de perpétuer le nom du saint en le donnant à un de ses enfants. Les d'Ormesson ont donné leur nom à la terre d'Amboile. La seigneurie appartint successivement au chancelier Duprat en 1530 ; — à Nicolas

Mairie-École et Église Saint-Nicolas, par Yung Blutt (1850)
(Voy. p. 115)

La Ferme du Mesnil ou du Trou, en 1910
(Voy. p. 115)

Un fils de trois mois de Messire Claude-Henri de Feydeau de Marville, lieutenant général de police, a été inhumé dans la nef, le 16 mai 1743.

Un fils de Monseigneur Archambault-Joseph de Talleyrand-Périgord, capitaine au régiment dauphin dragon, est mort en nourrice comme les deux enfants précédents et a été inhumé, le 4 juin 1784.

Messire Pierre Martinet cy-devant prêtre curé d'Amboile (Ormesson), a été inhumé dans le chœur de l'église, le 29 février 1712.

Messire François d'Espinay, chevalier marquis de Lignery, maître de camp de cavalerie, a été inhumé dans le chœur, le 19 février 1729.

Messire Jean-Chrétien Ogelvy de Boyn, chevalier, enseigne des vaisseaux du Roy, mort à vingt-six ans, a été inhumé dans le chœur, le 1er octobre 1751.

Anne-Marie-Louise Colbert de Seignelay, âgée de quinze jours, fille de Colbert de Seignelay, colonel du régiment de Champagne, a été inhumée dans le chœur, le 2 février 1767.

Messire Pierre-François Bailly, prêtre, ancien chanoine de Saint-Maur, âgé de soixante-seize ans, a été inhumé dans le chœur de l'église, le 9 août 1761.

Messire Jean Dufour, ancien semi-prébendier de l'église royale et collégiale de Saint-Maur, décédé à soixante-dix-sept ans a été inhumé sous le porche de l'église.

Sous le porche également Charles-Louis Prévost de Saint-Cyr, ancien colonel du régiment d'Angoumois, âgé de soixante-dix ans, décédé le 5 juillet 1793 (1).

Le Prévost, qui mourut le 9 octobre 1630, à soixante-treize ans ; — à Nicolas Le Prévost (fils) ; — à André Le Fèvre, par Anne le Prévost, sa femme ; — à André Le Fèvre (fils) mort en 1636 ; — à Olivier Le Fèvre d'Ormesson.

La seigneurie de Noiseau passa aux d'Ormesson de la façon suivante : 1589, Eustache Violle, sieur de Rocquencourt ; — Eustache Violle (fils), mort en 1617 ; — 1621, Laurent Violle, son fils ; — 1625, Louis Debussy, sieur de Nérat ; — 1656, Gaston de Grieux, président à la Cour des Aydes, par sa femme ; — 1692, le chevalier de Grieux, seigneur de Noiseau, Auteuil, Bervel, etc... ; — 1707, Henri-François de Paule d'Ormesson, d'Amboile et de Noiseau en Brie à cause de l'acquisition qu'il en a faite à Messire Simon de Grieux, le 7 novembre 1707.

Ce chevalier de Grieux serait-il le héros malheureux de la *Manon Lescaut* de l'abbé Prévost ?

(1) C'est sous le porche latéral, aujourd'hui incorporé à l'église. Le défunt fut le premier commandant de la garde nationale de Saint-Maur. Sa femme est dénommée Marie-Marguerite Orceau de Passy. Elle mourut à Saint-Maur le 20 nivôse an VIII, à l'âge de soixante-dix ans.

D'autres ont été enterrés dans la chapelle Notre-Dame-des-Miracles, comme l'ancien chanoine de Saint-Maur, Messire Nicolas de Trevet, âgé de quatre-vingt-quatorze ans, le 11 août 1752 ; Pierre Mars, avocat au Parlement, soixante-trois ans, le 5 juillet 1763.

Jeanne Bacle de Saint-Loup est morte à Saint-Maur, en nourrice, le 11 septembre 1822.

Camille Thiéry de la Marck y est décédé le 25 septembre 1813.

Une fille du chevalier de Mouzay de Savigny y est morte, en nourrice, le 9 octobre 1825.

Marie Mondone, comtesse Arnauld d'Andilly est morte à l'âge de cinquante ans, chez M. le marquis de Sainte-Croix Molay, le 5 novembre 1828 (1).

Nous avons même trouvé trace d'inhumations faites dans la petite chapelle de Champignol.

Il ne reste pas dans l'église, dit F. de Guillermy, une seule sépulture. Cependant nous en avons retrouvé quelques-unes dans le bas-côté. Il ajoute, et ceci est malheureusement exact, « par une extrême inconvenance on a employé comme dalles pour le pavé, des tombes qui datent de nos jours (1842) et qu'on a extraites du cimetière ». Qu'aurait-il dit s'il avait su qu'une municipalité irrespectueuse, pour le moins, en avait employé un certain nombre à faire des bordures de trottoirs ? Rue des Tournelles on peut encore lire des fragments d'inscriptions et des dates sur lesdites bordures.

Un nouveau cimetière fut ouvert en 1826 à Joinville, 18, rue de Créteil, mais il fallut l'abandonner à la suite d'éboulements qui s'y produisirent. En 1837, fut inauguré le cimetière Rabelais. Les tombes du précédent y furent transportées. L'augmentation de la population a nécessité l'ouverture de deux autres cimetières, Rabelais-annexe et Condé, qui sont sur le point de devenir insuffisants.

---

(1) Propriét Leroy-Dupré.

Pour donner quelque répit à nos lecteurs et plus d'intérêt à notre récit, assistons à la fête du village, le jour du grand concours qui donnait lieu à des cérémonies civiles et religieuses fort curieuses.

Fête patronale. Le 23 juin, veille de la Saint-Jean, une foule de cavaliers, de piétons, de voitures se dirigeaient sur Saint-Maur de toutes les voies qui y conduisent. Il en venait de Paris et même de paroisses très éloignées.

Le soir, les chanoines bénissaient sur la place du village, le feu de la Saint-Jean, si populaire encore dans nos campagnes, autour duquel avaient lieu d'innocentes réjouissances. Le bûcher était allumé au moyen d'un flambeau prêté par les chanoines et plus tard par le curé.

Les chanoines, seigneurs de plusieurs villages, convoquaient pour le lendemain tous leurs officiers, devant leur prévôt ou juge du bailliage. Le seigneur de Saint-Maur, duc de Bourbon ou prince de Condé, convoquait également en son château les habitants de la presqu'île et les maires de toutes ses dépendances, comme le portait l'énumération de ses droits au *Terrier* (1). « Comme pareillement sont tenus et obligés, les vasseaux et habitants, tant du bourg de Saint-Maur, que de la paroisse de Saint-Hilaire en La Varenne et du Pont de Saint-Maur... de comparoir aux dites assises, en armes offensives et défensives sous peine contre chacun des contrevenants de trois livres d'amende ». C'étaient les assises, le dénombrement des habitants, la revue des hommes d'armes.

Une messe était d'abord célébrée à minuit dans l'église canoniale. Puis, le matin, tous les habitants se mettaient en armes et après l'audience et l'appel, le cortège allait, tambour battant, drapeau déployé, faire la procession dans l'église du monastère. Il cheminait par l'*Impasse du Jeu de l'Arc*, entre une haie de curieux, de mendiants, de malades et la foule des petits marchands qui criaient leurs images saintes : « enseignes d'argent blanc, bullettes d'estain, enseignes de rose, enseignes de papier », leurs cierges, leurs tisanes : « A

---

(1) Registre des droits d'une seigneurie. Ces maires étaient ceux de Maisons-sur-Seine, Mesly, Valenton, Sucy, Boissy, Ferolles, Nogent-sur-Marne, Neuilly-sur-Marne, Ozoir-la-Ferrière, Yverneau, Arpajon, Noisy-le-Sec, Torcy, Montry, Courceaux et Moisens près Melun. Les maires étaient les receveurs des cens ou rentes.

la fraîche ! à la fraîche ! ». Dans l'église les habitants armés se livraient à des décharges de mousqueterie.

Là, au milieu d'une cohue inimaginable, les malades épileptiques, portés autour de la chapelle de saint Maur par six ou huit hommes, criaient de toutes leurs forces : « *Saint Maur, grand ami de Dieu, envoyez-moi santé et guérison, s'il vous plaît* ». Les porteurs criaient : « *Du vent ! du vent !* » et des personnes charitables éventaient le malade avec leurs chapeaux. D'autres criaient : « *Place au malade ! Gare le rouge !* » parce qu'on prétendait que cette couleur était contraire aux épileptiques. Quand un malade avait répété trois fois son invocation on le tenait pour guéri et l'on criait à haute voix : « *Miracle ! miracle !* ». Enfin c'était un vacarme si grand que l'on n'entendait pas le clergé chanter et qu'il se formait trois ou quatre différents chants dans les différentes parties de l'église.

Mme la marquise de Créqui, aux livres 5 et 6 de ses *Mémoires,* donne de cette fête la description pittoresque que voici :

« Je vous dirai donc que cette église de Saint-Maur-des-Fossés, non loin de Vincennes, était, dans les temps gothiques et par un privilège du roi Robert le Pieux, la seule église monastique du diocèse de Paris, où les laïcs eussent la permission d'entrer pendant les offices et c'est de là qu'étaient provenus l'habitude et l'usage d'une grande affluence du peuple dans ladite église de Saint-Maur, à certaines fêtes solennelles.

« Les officiers de toutes les justices des terres qui dépendaient de l'Abbaye, étaient obligés d'y paraître et d'y représenter à la suite du baillif seigneurial. Tous les habitants du village de Saint-Maur se mettaient sous les armes et après l'appel de tous les justiciers et de tous les notables habitants, ce cortège assemblé s'en allait tambour battant, mèche allumée, faire la procession dans l'église collégiale. Ce spectacle y faisait affluer tous les artisans de Paris, ce qui n'empêchait pas les grandes dames de continuer à s'y rendre pendant la semaine sainte, attendu que c'était un usage établi pour tout ce qui pouvait monter dans un carrosse à couronne. C'était un arrangement dévotieux qui remontait jusqu'à la belle-fille de Hugues-Capet, la reine Berthe, et tout le monde y tenait à beau renfort de coutume séculaire et de traditions...

« La dernière fois que j'y suis allée ajoute-t-elle, il me sembla me trouver au Sabbat de Ménilmontant. On n'entendait que des cris et des hurlements...

« Ce qu'il en résulta, c'est que M. l'Archevêque de Paris signifia par ordonnance épiscopale à toutes les grandes dames et

Église Saint-Nicolas, en 1852
(Voy. p. 140)

COLLECTION A. PAQUET

tous les faubourgeois de cette ville, qu'ils eussent à chanter leur office de ténèbres ailleurs qu'à Saint-Maur-des-Fossés, attendu que les portes y seraient dorénavant closes et gardées par un piquet de gardes françaises ; et voilà qui fut un grand soulagement pour les religieux de Saint-Maur qui se consumaient dans les alarmes et la désolation gémissante.

« Vous pouvez bien imaginer que cette mesure avait obtenu l'approbation de toutes les personnes véritablement religieuses, mais il se trouva certaines dévotes que nous appelions des *pélerines à festons*, et qui se mirent à parler contre M. l'Archevêque avec autant de fâcherie que s'il avait mis toutes les églises de son diocèse en interdiction complète, et même en démolition...

« Les voyages à Saint-Maur étaient pour les unes, une occasion de promenade innocente, et pour les autres, une partie de plaisir où les maris et les mamans n'avaient rien à voir... »

On avait la veille descendu la châsse de saint Maur de la chapelle supérieure où elle se trouvait d'habitude et les enfants de chœur, la tête rasée à la mode bénédictine, exécutaient des chants liturgiques sous la direction du maître de musique. Cette maîtrise était une véritable école de chant ; des maîtres de musique de Saint-Maur ont eu une certaine notoriété. Ils logeaient, nourrissaient, instruisaient les enfants de chœur et leur apprenaient surtout le latin (1).

---

(1) Nouvelle instruction familière, en laquelle sont contenues les difficultés de la musique, avecques le nombre des concordances et accords : ensemble la manière d'en user tant à deux, à trois, à quatre, qu'à cinq parties : nouvellement composée par *Michel de Menehou* maistre des enfants de chœur de l'Église Sainct-Maur-des-Fossez-lez-Paris.

1558. A Paris de l'imprimerie de Nicolas du Chemin à l'enseigne du Gryphon d'argent rue Sainct-Jean de Latran. Avec privilège du roy pour dix ans.

L'opuscule est dédié à Illustrissime et Révérendissime cardinal du Bellay... De Sainct-Maur-des-Fossez ce douzième de mars mil cinq cens cinquante huict.

C'est un solfège que l'auteur termine par un chant à quatre voix sur la poésie naïve suivante :

<blockquote>
Le souvenir de ma dame iolie
Me fait la nuit cinq cens fois soupirer
O ! Cupido viens moy tost retirer
De ce malheur, me donnant iouissance
De mes amours, ou à la mort tirer
Me conviendra et tout par déplaisance
Si ie ne dors c'est a moy grand folie
Qui fait mon mal et ennny empirer
O ! Cupido... etc...
</blockquote>

Bibl. nat., Réserve, V 1517.

Mais ce pélerinage fort suivi, qui comprenait une messe à minuit, puis la cérémonie de jour que nous avons décrite, dégénéra en troubles et scandales et fut supprimé par ordonnance archiépiscopale du 26 mai 1737 à la demande des chanoines eux-mêmes. « Le Chapitre étant informé qu'il se commet beaucoup de superstition et de désordre dans leur église par des faux malades et des filous et des pélerins de l'un et l'autre sexe qui couchent pendant cette nuit pesle mesle dans leur église et sous les cloîtres, a délibéré que Monseigneur l'Archevêque serait très humblement supplié d'arretter par son authorité le cours des désordres et des prophanations dont cette dévotion nocturne est l'occasion ». D'autres concours de peuple avaient lieu le jour de Saint-Pierre et le jour de pardon Notre-Dame, en juillet.

La fête se continuait à tous les carrefours et sur la place d'Armes par des danses et des réjouissances profanes, au milieu des cris des bateleurs et des marchands accourus en foule.

La compagnie du noble jeu de l'arc allait se livrer au tir favori à l'arc ou à l'arbalète, dans ce long boyau à laquelle elle a donné son nom et qui lui fut ôté, en raison des accidents possibles, par délibération du conseil municipal en date du 7 février 1841.

D'autres couraient au spectacle, *à la Comédie, aux Mystères, aux Farces,* que les confrères de la Passion y jouaient, comme nous l'apprend une ordonnance de 1398, probablement hors de la ville, à la porte de Presles, en entrant par la rue du Four.

Et dans les familles ou au cabaret on ajoutait à la liesse et à la gaieté générale de ce jour de fête, ce bon petit vin du terroir dont nos pères faisaient leurs délices.

Le vin des environs de Paris, de Champigny par exemple et même de Saint-Maur était alors assez estimé. Si Henri IV se délectait du petit bleu d'Argenteuil, le prince de Condé ne dédaignait pas de vanter le sien. C'est ainsi que son commensal, l'abbé de Chaulieu, promettait en 1702, à la duchesse du Maine en l'invitant galamment au nom du prince, à venir à Saint-Maur, « du vin du crû et du meilleur ». Il y a encore des vignes à Champigny qui produisent un petit vin sûret, d'un beau rubis, point désagréable du tout (1).

Telle est l'origine de la fête locale qui se célèbre encore, à pareille date, au *Vieux Saint-Maur.*

______

(1) André Bacci, disait en 1596, dans son *De naturali vinorum historia* que les vins de Paris n'ont pas de rivaux en France. On plaçait les vins d'Argenteuil avant ceux d'Ay.

L'instruction du peuple n'était point organisée civilement, sous l'ancien régime, elle était laissée à l'initiative du clergé. C'est

Maître d'école.

bien l'église qui a fondé et dirigé les premières écoles de notre pays à l'époque barbare où nos rois étaient des ignorants, où les seigneurs se vantaient de ne savoir signer qu'avec la pointe de leur épée.

L'école était une œuvre paroissiale, dépendant du curé et de la fabrique, ayant comme l'église part à certaines fondations pieuses, placé sous la juridiction du chantre de l'église métropolitaine pour Paris et sous celle de l'évêque ou archevêque dans le reste du diocèse.

Les statuts de ces *petites écoles* faisaient défense aux maîtres d'enseigner des filles et aux maîtresses d'enseigner des garçons sous peine d'excommunication (1). Un mandement (2) de Monseigneur Hardouin de Piréfixe ajouta : « Et quant aux paroisses de la campagne dans lesquelles il n'y a assez d'enfants pour occuper et entretenir un maître et une maîtresse d'école ensemble, nous ordonnons que les garçons et les filles soient instruits dans des lieux séparés ou à des heures différentes ». C'est pourquoi le maître est souvent dénommé « maistre des escholes » de ce lieu.

A Saint-Maur qui brillait au moyen âge de tout l'éclat de l'érudition bénédictine, il y eut dès la plus haute antiquité une école monastique réputée. Mais à côté de l'école de l'Abbaye qui distribuait l'instruction à quelques clercs et à quelques privilégiés, à côté de l'école des enfants de chœur de la collégiale, nous trouvons une école de village pour l'instruction des enfants du peuple.

Sur ce point encore, notre histoire n'est précise qu'à partir du xvie siècle. Nous pourrions donner les noms de tous les maîtres qui ont signé les registres de paroisse en assistant le curé dans les cérémonies d'état civil.

Plaçons ici sous les yeux de nos lecteurs un des plus anciens documents que nous ayons trouvé sur ce sujet. Le 14 mars 1622 : « Le Chapitre a ordonné que le receveur paiera trois livres quatre sols à Hugues Boucher, maistre descolle à Saint-Maur pour avoir escript des hymnes pour servir à léglise de céans ».

---

(1) Mandement de Messire Jean-François de Gondy, archevêque de Paris, du 18 janvier 1641.

(2) Du 10 mai 1666.

Au cours de nos recherches, nous avons également trouvé des écoles dans les paroisses voisines, Champigny, Créteil, Chennevières et même Bonneuil. Nous ne saurions donc trop mettre en garde nos lecteurs contre cet injuste reproche, que le clergé tenait le peuple dans l'ignorance. Les documents anciens indiquent que l'instruction était alors répandue autant que les progrès de l'esprit public le permettaient et l'écriture, l'orthographe, les signatures témoignent qu'à Saint-Maur, en particulier, on comptait fort peu d'illettrés. Encore une légende qui s'évanouit ; que d'autres se dissiperaient de la sorte si l'ancien régime était mieux connu ! Un patient érudit dont on ne contestera pas l'esprit critique, Renan, a même écrit ceci : « Plus je vais et plus je vois que les anciens ont tout connu ».

A ces époques lointaines et jusqu'à la Révolution, l'instituteur louait ses services à la paroisse par un véritable contrat signé. par le curé, accepté par les marguilliers et les paroissiens assemblés. Il devait fournir des lettres d'obédience de l'autorité épiscopale et un certificat de bonnes vie et mœurs. Ce contrat devait être renouvelé tous les ans.

A Saint-Maur, comme ailleurs, ses fonctions consistaient à donner l'instruction aux enfants, à chanter au lutrin, à assister le curé ou le vicaire dans les cérémonies et à remonter l'horloge de l'église. Il recevait pour toutes ces fonctions un traitement annuel de 100 livres et touchait les droits d'écolage des enfants payants, et le produit de rentes affectées à l'école.

Dans certains actes de fondation de rentes nous notons les mentions suivantes : le maître d'école et les pauvres ont droit à une rente de 75 livres constituée, en 1721, par MM. Combe et Poupart, chanoines de Saint-Maur, et sur un tiers de la rente de 75 livres, constituée par Marguerite Hébert, veuve César d'Alencé, par testament du 15 juin 1721. Il avait encore droit à partie d'une rente sur l'hôtel de ville, constituée le 20 février 1748 par Messire Nicolas de Trévet, ancien chanoine de Saint-Maur, « savoir, 40 livres pour l'enseignement gratuit des pauvres enfants de la paroisse, plus 5 livres pour fournir auxdits enfants pauvres un catéchisme du diocèse et un abrégé du catéchisme historique de M. Fleury ».

La maison d'école était louée et plus tard appartint à la fabrique. La première que nous ayons retrouvée était située rue du Four, face à la place d'Armes ; mais le 23 mai 1684, la paroisse fit l'acquisition de la maison du *Barillet,* faisant partie de celle de la *sereine* et qui se trouvait à gauche en descendant à l'Abbaye (1). L'acte passé devant Ménage, tabellion de Saint-Maur, porte que le curé, marguillier et notables, désignés nominativement « représentant la plus saine partie des habitants de Saint-Maur » achètent ladite maison, pour en faire l'école, car « les habitants savent que faute de logement pour le maitre, il n'y en a point qui veuille venir tenir les écoles audit lieu ».

Après quelques réparations dont le devis fut soumis à l'assemblée des habitants, le 10 août 1684, l'école est ouverte dans la maison acquise à cet effet. On voit, par ce détail, que sous l'ancien régime, le peuple était associé directement à l'administration temporelle de la paroisse, c'est-à-dire de la chose commune et qu'il exerçait lui-même ce qu'on a appelé depuis, pompeusement la *souveraineté du peuple,* sans déléguer ses droits et ses pouvoirs à des édiles, en ce qui concernait l'administration locale. Combien de mots nouveaux laissent croire aux ignorants que les droits du peuple datent seulement de la Révolution !

Ajoutons en terminant que la Révolution laissa un moment le village sans école, par la vente des biens des fabriques et qu'à partir du 5 pluviose an III « les écoles se tinrent au ci-devant presbytère » plus spacieux, plus convenable que le précédent édifice.

L'école des filles était autrefois située, dans la rue de l'Abbaye, en face l'école des garçons, dans la maison qui porte aujourd'hui le nº 1 de l'avenue de Condé. Cette maison avait servi au XVIᵉ siècle de corps de garde du Château royal. Elle fut dite d'abord du Coq, à cause de l'enseigne qui la distinguait, puis de la *Charité,* à cause des religieuses de la congrégation de la Charité de Nevers qui l'occupaient.

Les sœurs.

La communauté de Saint-Maur comptait quatre religieuses, la supérieure, la sœur enseignante attachée à l'école, la sœur converse pour les soins domestiques et la sœur attachée à l'apothicairerie et au soulagement des pauvres, à la *Charité* suivant l'expression de l'époque. C'était le bureau d'aumônes de la paroisse correspondant à ce que nous appelons aujourd'hui le bureau de bienfaisance. La charité chrétienne a précédé la philanthropie officielle et lui a servi de modèle. Ce bureau de

____

(1) Fort probablement le nº 9 de la rue de l'Abbaye.

charité avait été fondé à Saint-Maur, en avril 1704, avec le concours de Mme la duchesse douairière de Bourbon.

Les pauvres avaient droit à une rente de 200 livres constituée par Mme la duchesse douairière de Bourbon, le 12 février 1721, rente perçue et distribuée par les soins de la fabrique. Les chanoines de Saint-Louis-du-Louvre, unis à ceux de Saint-Maur, devaient une rente de 5o livres sur la maison de *la Cassine*, rente constituée par contrat du 28 avril 1654, par Pierre Forêt et sa femme Catherine Pagevin pour fondation de deux obits à la chapelle Notre-Dame-des-Miracles.

Parmi ces donations nous relevons celles de Messire Antoine Bailleur, orfèvre à Paris, qui avait légué à la fabrique, le 14 février 1654, un calice et sa patenne, deux burettes et un plat ou bassin, le tout d'argent ciselé.

Comme le maître d'école, la sœur maîtresse avait droit à quelques rentes servies par la fabrique. Ainsi, sur la rente constituée par Messire Nicolas de Trévet, dont il a été précédemment question, elle avait droit à 15 livres, savoir : « 10 livres pour ses petits besoins et 5 livres pour les distributions des susdits livres aux pauvres enfants ». « La sœur de *l'Apoticarerie* aura droit à 15 livres, savoir, 10 livres pour ses petits besoins et 5 livres pour les nécessités de l'Apoticarerie come entonoir, alembic et autre choze de cette nature et seront tenus les sus nommés de rendre compte au curé ».

L'une des supérieures de cette petite communauté devint supérieure générale de l'ordre et revint à Saint-Maur où elle mourut à l'âge de quatre-vingt-douze ans, le 17 septembre 1766 ; elle se nommait Marie-Anne Bourgeois de la Martinière et fut inhumée dans la nef de l'église.

Ces religieuses durent quitter le village pendant la tourmente révolutionnaire. Le bien qu'elles faisaient, l'affection du peuple qu'elles soignaient ne les mettaient sans doute pas à l'abri des persécutions, des épreuves possibles.

L'école, appartenant à la fabrique, suivit le sort des biens nationaux. Le 9 germinal an III « une maison provenant des ci-devant sœurs de la Charité, comprenant une salle d'école, un fournil, un four avec saillie, une ci-devant chapelle, deux étages et un jardin... » est adjugée pour 17.000 livres à Jacques-Jean Chon, demeurant à Saint-Maur.

Le xviiiᵉ siècle a connu des troubles religieux suscités par l'esprit de résistance à la bulle *Unigenitus* et la dispute théologique sur l'efficacité de la grâce. Un certain abbé Buffart, prêtre théologal de Bayeux, était l'âme de la résistance à Saint-Maur. Il trouva un fervent adepte dans un des chanoines de la collégiale, Hervé Planchon, et par leurs intrigues, l'agitation était entrée

Jansénistes. Convulsionnaires. Apparition.

au Chapitre. L'abbé Buffard fut enfermé à la Bastille en 1736 et en 1740, et l'abbé Planchon en 1740. L'église et l'administration royale brisèrent toutes les résistances par la fermeture des centres de résistance, comme Port-Royal, et l'expédition de quelques lettres de cachet.

Un autre mal du siècle fut le *convulsionnisme,* sorte de tremblement et d'extase, « trémoussements, sauts, pirouettes et gambades », accompagnés de prétendus miracles sur la tombe du diacre Pâris, au cimetière de Saint-Médard, à Paris. Planchon qui tenait un registre de pétition contre la bulle, présidait encore les séances de prières qui avaient lieu chez une mystique de Saint-Maur, prétendue *miraculée,* la jeune Anne de Monfreuille, ou plus exactement Anne-Catherine Monfreul, dite Le Fèvre.

Dans un *Recueil des miracles* de M. de Pâris (1736), nous trouvons la relation de la maladie et de la guérison de cette personne.

« Je naquis le 31 janvier 1700 dans la ville de Rouen. Mon père s'appelait Michel Monfreul et ma mère Catherine Thuré. Mon père était mort en 1699 et avait laissé en mourant ma mère enceinte de moi.

« Étant en nourrice, à l'âge de 3 ans, je rencontrai un taureau furieux qui me frappa de ses cornes, me fit deux trous à la poitrine et me renversa par terre toute couverte de sang et à demi morte. Je porte encore aujourd'hui les marques de cette blessure.

« Il m'est resté depuis cet accident une toux très violente qui s'est toujours augmentée, accompagnée d'un mugissement qui imitait celui du taureau, ce qui effrayait tous ceux qui me voyaient et m'entendaient. Je vis M. d'Houppeville le plus habile médecin de Rouen...

« A 15 ans je vins à Paris rejoindre ma mère. On m'entendait tousser de fort loin et ma toux ressemblait au mugissement d'un taureau, quelquefois au cri d'un chien et d'autres animaux encore... On me chassait des églises comme perturbatrice... M. Helvétius m'ordonna du lait coupé. Je vis M. Foulon, autre médecin du roi ; rien n'y fit.

« J'entendis parler de M. Paris. J'allai donc à Saint-Médard et j'y commençai ma neuvaine le 31 janvier 1729. Je soussignée certifie avoir fait moi-même cet exposé et l'avoir signé et avoir été guérie par l'intercession de M. Paris n'ayant point fait d'autre remède pendant la neuvaine que j'ai faite à son tombeau que de boire de l'eau dans laquelle j'avais mis de la terre de son tombeau.

« Paris, 8 mars 1730.

« ANNE-CATHERINE MONFREUL ».

Les prières de cette hallucinée ont été publiées en 1732 ; elles respirent la violence des passions qui divisaient alors le clergé français en Molinistes et Jansénistes. Elle se livra à tant d'extravagances que le roi Louis XV dut expédier un ordre d'écrou à la Bastille le 29 octobre 1732 et l'aventure de cette jeune personne se termina à la Salpêtrière où elle fut internée un peu plus tard.

On trouve dans l'ouvrage de Dom Calmet : *Apparitions* et le *Traité des superstitions* du révérend père Le Brun, tome I, page 281, l'aventure d'un jeune homme de Noisy-le-Grand qui se termina par une prétendue guérison attribuée à saint Maur.

Le 1er mai 1705, Denis Mizanger de la Richardière, âgé de dix-huit ans fut atteint de léthargie, puis de folie furieuse. Il déclarait que le 18 avril, un berger accompagné de deux chiens noirs, l'avait arrêté lui disant que son cheval n'irait pas plus loin. Il dut retourner à la maison de son père, située dans ce village.

Pendant sa maladie, on fit dire des messes surtout à Saint-Maur. Le jeune de la Richardière y assistait ; mais il déclara qu'il ne serait guéri que le vendredi 26 juin au retour de la fête du saint. En effet, pendant la messe, le jeune homme, assura-t-il, vit saint Maur debout. Il cria : « *Miracle ! miracle !* » et déclara qu'il était guéri, comme il le fut en effet, ajoute le narrateur.

Citons également un autre événement qui parut surnaturel et fit grand bruit à Paris et à la Cour, au mois de mars 1706.

Vue de l'Église Saint-Nicolas et de l'ancienne Mairie (1860

(Voy. p. 142)

Il s'agissait d'apparitions de *l'Esprit de saint Maur*, suivant l'expression populaire.

Un jeune homme du lieu, M. de S... (1) âgé d'environ vingt-cinq ans, crut voir un revenant, l'entendre frapper des coups dans sa chambre, ouvrir ses rideaux, déplacer son lit, etc... Le prince de Condé qui venait d'arriver au Château voulut se rendre compte de ces faits étranges. Les savants de l'époque dissertèrent fort sur ces apparitions. Un chanoine de Saint-Maur (Poupart) en écrivit une relation, le 8 mai 1706, que le père Dom Calmet a insérée dans son ouvrage sur les apparitions. L'auteur y examine les faits avec beaucoup de sagacité et conclut à l'hallucination ou à la simulation. Il ajoute « M. de S... père, un homme distingué, apprenant l'aventure à Paris, dit qu'il était persuadé que l'*Esprit* qui agitait était celui de sa femme et de son fils. L'épouse était, en effet, très mystique au point de voir trois fois par semaine le père éternel ». La manifestation cessa lorsque le jeune homme eut accompli certaine chose restée secrète, commandée par l'Esprit. Ainsi finit cette aventure qui fit tant de bruit et attira à Saint-Maur tant de curieux.

Monseigneur le Prince (Henri-Jules de Bourbon, prince de Condé) délaissa Saint-Maur pour Chantilly. Il finit même par en donner la jouissance à son intendant Jean Hérault de Gourville en 1680. C'est cet ancien valet de chambre de la Rochefoucault, devenu l'ami de son ancien maître et le confident du prince qui fit achever et embellir le Château. C'est en Mécène des lettres et des arts qu'il y recevait Boileau, de la Rochefoucault, Mmes de Sévigné, Ninon de Lenclos, de Coulanges, de Lafayette, etc., et tout ce que le siècle comptait de beaux esprits.

A la veille de la Révolution, le village délaissé par les Bourbons-Condé avait retrouvé quelque éclat. Le prince n'y venait que pour ses chasses ; il avait même fait donation de la baronnie de Saint-Maur à son fils, le 1er mars 1789, mais ce dernier y avait installé dès 1775 son fils, le malheureux duc d'Enghien qui y recevait les doctes leçons de son précepteur, le savant abbé Millot. De 1775 à 1781, on trouve

---

(1) M. de Saint-Cyr qui habitait alors la maison portant le n° 3 de la rue de Paris, attenante à celle de Mme de Vertamy et appartenant à M. Emmery de Septfontaines.

aux comptes des marguilliers de la paroisse une dépense pour les brioches bénites présentées au jeune duc et aux bourgeois. Le reste du peuple se contentait sans doute de l'ordinaire pain bénit; c'était bien l'époque des privilèges.

Avant de clore ce chapitre, citons parmi ces bourgeois quelques-uns des plus notables de cette époque, M. de Largentière (1) habitait la maison du Grand-Croissant, 5, rue de Paris, occupée aujourd'hui par Mlles de Vertamy. M. le comte Prévost de Saint-Cyr occupait la maison voisine portant le n° 3. Mme de Ponchartrain habitait la maison Gloess, sise au coin des rues de Paris et Beaubourg. Ranci faisait suite à cette propriété et avait son habitation rue Molette, à Joinville. Le comte Darias habitait une maison au Petit-Charenton à un endroit de notre actuelle villa Schaken. M. de Combault, vicomte d'Auteuil, était rue du Four. Amelot du Chaillou et Caulet, secrétaires du roi, se succédèrent au *Parangon*. L'abbé, comte Potocki et le comte d'Apchon, émigrés, habitaient dans l'enclos de l'Abbaye.

Les habitants semblaient heureux, au début de la Révolution. Hors des déprédations du gibier du seigneur, ils ne se plaignaient de rien. L'émigration et la vente des biens nationaux allaient atteindre leurs ressources et les rendre titulaires de nouveaux maîtres, étrangers à la paroisse, commerçants parvenus, enrichis des dépouilles du seigneur et de l'Église. Ce sont ces nouveaux venus, âpres au gain, qui sont responsables de la dispersion du trésor artistique que l'ancien régime nous avait légué. Alors disparurent le Château, la chapelle de Notre-Dame-des-Miracles et jusqu'aux précieuses ruines de notre antique Abbaye, vendues comme vils matériaux de construction. F. de Guillermy, dans des notes manuscrites laissées à la Bibliothèque nationale signale même que la porte monumentale, dernier débris du Château, a été détruite en 1842, et que le propriétaire, Mahieu, en a vendu les pierres pour être employées aux fortifications de Paris dont il était l'entrepreneur.

Au chapitre suivant, sous la Révolution s'effectue l'union des deux paroisses de Saint-Nicolas et de La Varenne et la fusion de leurs deux municipalités comme nous allons le voir.

---

(1) Dont le monogramme est sur les grilles des croisées et sur celle de la terrasse de la maison de Vertamy.

Les décrets révolutionnaires pour l'organisation nouvelle du culte catholique ne semblent pas avoir agité beaucoup le village de Saint-Maur. Au début de la Révolution, le curé était Claude-Marie Fournier, homme fort respectable, âgé d'environ soixante ans, d'une activité et d'une intelligence qui ont laissé des traces profondes dans les documents de cette époque. Il était à Saint-Maur depuis 1757, connaissait tous ses paroissiens, vivait en bons termes avec les membres du conseil général de la commune, qui tous avaient été ses collaborateurs et ses amis comme marguilliers de l'église. Aussi les autorités municipales ne le persécutèrent pas et souvent lui rendirent service. En retour, les maires et les officiers municipaux de l'époque, fort peu lettrés, durent souvent recourir à lui pour la rédaction des comptes rendus, mémoires ou pétitions envoyés aux asssemblées.

La Révolution.

Il est vrai que ce curé s'était soumis au décret du 27 novembre 1790, sanctionné par le roi le 26 décembre, imposant aux prêtres le serment constitutionnel. Le 16 janvier 1791, il avait prêté le serment suivant devant les habitants et la municipalité assemblés dans l'église : « Je jure de veiller avec soin aux fidèles qui me sont confiés ; d'être fidèle à la Nation, à la Loi et au Roy ; de maintenir de tout mon pouvoir la constitution décrétée par l'Assemblée nationale et sanctionnée par le Roy et notamment la constitution civile du clergé ». Le procès-verbal de cette réunion porte que l'assemblée applaudit le curé en reconnaissance de son civisme et de son patriotisme (1).

Le même jour le sieur Duval, curé de La Varenne, prêtait le même serment dans l'église Saint-Hilaire, en présence des membres des deux municipalités, car La Varenne formait alors une municipalité distincte (2).

Le serment devait, aux termes du décret, être prêté le dimanche, à l'issue de la grand'messe, sans préambule, explication ou restriction. Ceux qui refusaient étaient considérés comme démissionnaires et remplacés. Ceux qui le violaient s'exposaient à être poursuivis comme rebelles, à perdre la qualité de citoyens actifs, et à être privés de traitement.

---

(1) Arch. nat., T 1493⁷. — Le 7 janvier, Bailly avait reçu à Notre-Dame les serments des ecclésiastiques de Paris. Sur 666 prêtres, 430 refusèrent.

(2) Voir notre *Histoire de Saint-Maur-des-Fossés*.

Beaucoup de prêtres se soumirent pour ne pas laisser les paroisses sans pasteur, ou ne pas perdre leurs moyens d'existence après la saisie des biens ecclésiastiques. Ils se rétractèrent en masse après tout danger écarté.

Avant tous les excès de la Terreur, le prêtre et l'église étaient associés aux fêtes populaires. Ainsi, à l'assemblée primaire qui se réunit à l'église, le 16 juin 1791, à l'effet de nommer les électeurs, le curé ouvrit la séance en proposant d'invoquer l'esprit saint, ce qui fut accepté, et fait par la récitation du *Veni sancti*. La sincérité du vote était regardée comme si importante que l'assemblée des électeurs prêta le serment suivant que nous ne résistons pas à la maligne joie de signaler aux électeurs du suffrage dit universel : « Vous jugez et promettez de ne choisir en votre âme et conscience que les plus dignes de la confiance publique sans avoir été déterminé par dons, promesses, sollicitations ou menaces ». Tous, la main levée, répondirent « Je le jure » et après la nomination des six électeurs on chanta un *Te Deum*.

Un état dressé en conformité de la loi des 4 et 30 prairial, an III compte que huit cents personnes pouvaient se rassembler dans l'église. Les habitants s'y assemblèrent encore le 26 septembre 1791, pour entendre M. le Maire procéder à la publication de l'acte constitutionnel, couronnant les travaux de la Constituante après trois ans d'exercice. Voici un extrait du procès-verbal de cette réunion :

« Il y a eu office solennel, après les vêpres où ont également assisté nos frères d'armes (de La Varenne). Il a été chanté un *Te Deum* en action de grâces avant lequel on a singulièrement remarqué les deux mots adressés par M. le Curé à ses concitoyens ou il les a invités à reconnaître dans la Constitution, l'ouvrage de la Providence.

« Remercions le ciel, a-t-il ajouté, de nous avoir protégés contre les ennemis de la Constitution, et adressons-lui des vœux afin qu'il nous donne la force de la maintenir à jamais ». Ensuite il a entonné le *Te Deum,* lequel étant fini, des cris de « Vive la Nation », « Vive l'Assemblée nationale », « Vive le Roy » ont été répétés. Les tambours et les fifres ont réjoui les oreilles et les cœurs. Tout retentissait de l'air : *Ça ira, ça ira,* etc., et le soir il y eut des illuminations, danses, feux artificiels presque toute la nuit » (1).

Le même carton des Archives nationales contient le procès-verbal d'une cérémonie semblable qui eut lieu le même jour à La Branche du Pont de Saint-Maur (Joinville). La journée commença par une messe, à dix heures, à la chapelle Saint-Léonard, puis on se rendit en cortège, les jeunes filles habillées de blanc et parées des couleurs nationales, à la maison commune où l'aumônier de la garde nationale, le père Bauche, secrétaire-greffier, fit la publication de l'acte constitutionnel. Après un *Te Deum* dans la chapelle, les officiers de la municipalité allèrent le soir mettre le feu à un *brandon,* préparé au milieu du pont et des danses se prolongèrent jusqu'au milieu de la nuit.

Une autre cérémonie fort pittoresque, la fête de l'Indivisibilité de la République, fut célébrée en l'église de Saint-Maur, le 10 août 1793. Le citoyen Mancienne (Mentienne) maire de Bry, fut nommé président par ses collègues. « Le président a porté l'acte constitutionnel dans ses mains pures et l'a exposé à la vue de tout le peuple qui a témoigné de la joie et de la satisfaction la plus entière... Enfin chacun s'est promis une affection réciproque et de s'unir pour terrasser quiconque oserait porter atteinte aux principes éternels de la liberté et de l'égalité... » (2).

Durant les premières années de la Révolution les habitants, la municipalité et le curé à leur tête, protestèrent contre la prétendue municipalité de La Branche du Pont (Joinville) qui, non contente de se déclarer autonome, élevait autel contre autel en faisant dire la messe dans la chapelle Saint-Léonard par un ancien minime du bois de Vincennes, le père Bauche qui devint un moment secrétaire de la municipalité de la nouvelle commune. Dans une lettre du 27 avril 1791, le curé Fournier demandait la fermeture de cette chapelle en disant : « J'ai lieu de croire que la discorde cesserait si cette chapelle était fermée ». Les habitants de La Branche envoyèrent des contre-pétitions et résistèrent victorieusement en maintenant leur municipalité et leur église. C'était

---

(1) Archives nat., T 1493 7. Il s'agissait de la Déclaration des Droits de l'Homme.

(2) Arch. nat., T 1493 7. Cet acte est signé par Mancienne (sic), maire de Bry ; Prainville, maire de Champigny ; Dudoit, maire de Nogent ; Hacar, maire de Saint-Maur.

un démembrement de la commune et de la paroisse ; en protestant, non seulement le curé affirmait ses droits mais revendiquait une partie de son faible casuel. Presque toutes les protestations de cette époque sont rédigées et écrites par lui.

La cure de Saint-Maur n'était pas très importante ; une déclaration datée du 18 janvier 1792, et signée du curé, nous apprend que le total du revenu de ladite cure montait à 929 livres 12 sols 6 deniers, qu'elle ne possédait « ni dixmes, ni terres, et le terrain qu'occupe le presbytère et le petit jardin adjacent est d'environ six perches ».

Mais la Révolution ne devait pas s'en tenir à des fêtes populaires et patriotiques, à ces innocentes réjouissances que les habitants, les municipalités, la garde nationale et le clergé improvisaient dans les églises et sur les places publiques à l'occasion des grands actes des assemblées nationales.

La liberté apparue un moment comme un astre flamboyant dans le firmanent politique et saluée avec cette joie délirante que nous venons de constater, sombra rapidement sous des novations imprudentes et des persécutions inutiles. Un souffle de haine sembla troubler les cœurs et les cerveaux, et, ce pays qui venait de donner au monde le spectacle grandiose de l'union et du sacrifice devint la proie des tyrans qui plus tard s'entrégorgèrent.

Le 23 novembre 1793 (1), le service de tout culte fut interdit et quiconque demandait la réouverture d'une église était alors arrêté comme suspect. A la suite de ce décret, l'église de Saint-Maur fut fermée en frimaire 1793, et le culte catholique supprimé. Jusqu'en 1795, les inhumations sont purement civiles et présidées par l'autorité municipale. Aussi après chaque acte de décès peut-on lire cette formule : « Considérant que par arrêté de la commune du 30 brumaire toute cérémonie du culte catholique est supprimée avons inhumé ledit... le tout provisoirement jusqu'à ce que le mode des cérémonies ait été réglé par la municipalité ».

L'exercice du culte supprimé, les objets d'église devenaient inutiles. La Convention nationale fit appel aux sentiments républicains des municipalités pour les engager à en faire l'offrande patriotique à la nation. Il fallut rappeler de nombreuses municipalités à l'exécution de l'ordre, ce qui prouve que le don volontaire ne fut pas le cas général. D'ailleurs la

---

pénurie des ressources budgétaires avait décidé l'Assemblée nationale, le 29 septembre 1789, à inviter le clergé, fabriques et confréries à faire porter à l'hôtel des monnaies le plus prochain toute l'argenterie qui ne serait pas nécessaire pour la décence du culte.

Dans l'état des objets offerts à la Convention nationale les 24, 25, 26 brumaire an II (14 novembre 1793) nous trouvons l'énumération complète des pauvres objets cultuels en métal de la paroisse de Saint-Maur : un ostensoir, un calice, un ciboire, deux coupes de calice, les lampes, encensoirs, goupillons, croix et jusqu'à des morceaux d'étoffe galonnée d'or. Le tout n'avait pas une grande valeur, mais l'énumération en est très longue (1).

Mais les vases les plus précieux avaient été soustraits, à en juger par une délibération du Comité de sûreté générale du 9 pluviose an II, qui arrête que « dans la maison de la citoyenne de Colombe à Saint-Maur, il sera fait toutes perquisitions de matière d'or et d'argent enfouis et cachés et tous autres objets et effet précieux... » (2). Cette maison était voisine de l'église et se trouve enclose dans la propriété Leroy-Dupré.

Sur les ruines de l'ancien régime, la Révolution voulut créer un monde nouveau en haine d'un long passé de tyrannie et de servitude. Partout elle voulut innover, c'était l'ère nouvelle, l'avènement de la République une et indivisible. Elle alla même jusqu'à vouloir donner au peuple, pour satisfaire ses sentiments religieux si invétérés, une religion nouvelle.

Le 10 floréal an III (1795), l'église Saint-Nicolas fut convertie en temple de la Raison et la chapelle Saint-Léonard en temple de l'Être suprême : mais nous n'avons pas trouvé de procès-verbal de cérémonie du nouveau culte, pratiqué avec le concours d'une jeune personne, belle, parée d'une robe blanche, d'un manteau bleu et coiffée du bonnet rouge, la *déesse*.

Partout les curés réfractaires étaient poursuivis, emprisonnés. Ils étaient obligés de se cacher ou d'émigrer.

Le décret d'août 1792 prononça la déportation à Cayenne contre tout prêtre réfractaire ou rétracté. La commune de Paris en emprisonna quelques-uns à l'Abbaye qui devaient être plus tard des victimes des massacres de septembre. Le décret du 17 mars 1793

---

(1) Arch. nat., D³¹ 5.
(2) Arch. nat., A F* II 290.

substitua à la déportation la peine de mort. Celui du 12 germinal prononça même la peine de mort contre quiconque donnerait asile à un prêtre insermenté. Cette époque est un des plus douloureux chapitres de l'histoire de l'église de France.

Le curé de Saint-Nicolas en règle avec la loi, ne dut pas avoir besoin de fuir, malgré la présence dans la commune d'un délégué du comité de salut public, un certain Nicolas Gadau, dit Dumaine, blanchisseur, originaire de Bugey (Ain), qui dénonçait consciencieusement les suspects mais qui indisposa tant de monde que, plus tard, il paya de sa liberté son zèle de jacobin.

Le 5 pluviose, il annonce au district qu'il est en état d'arrestation et que deux gendarmes sont venus mettre les scellés. Il se plaint à la section parisienne de la Montagne qui le fait élargir et fulmine contre la *commune scélérate* en état de rebellion à la loi.

Dans une lettre du 18 nivôse an II (18 janvier 1794) il dénonce des habitants « qui ont toujours été indifférents à la Révolution en ne s'occupant que de leurs états, ne paraissant dans les assemblées aucunement ». Manquer de zèle ou d'assiduité aux réunions populaires était considéré comme une marque de désapprobation des idées nouvelles et le citoyen qui affichait ce désintéressement était signalé comme *suspect* et menacé des plus redoutables éventualités.

Nous n'avons pas trouvé de rapport de cet agent contre le curé. Qui mieux est deux actes d'état civil sont rédigés et écrits par le curé lui-même sur les registres de la municipalité, en frimaire 1795. Son écriture régulière et caractéristique, son orthographe correcte ne laissent aucun doute sur ce point.

Sur les minutes de l'enregistrement de Vincennes, an III, nous avons même relevé un « Certificat de résidence délivré par la commune de Vivant-sur-Marne (1) au citoyen Claude-Marie Fournier domicilié dans ladite commune ».

Une dame, Firmine Dutemps, âgée de soixante-quatorze ans, meurt le 21 brumaire an IV (novembre 1795) chez le citoyen Claude-Marie Fournier, sa servante sans doute. De tout cela nous pouvons déduire que le curé ne quitta pas la paroisse.

Dans son ouvrage « *Le Culte de la Raison* », M. Aulard établit que pendant tout l'hiver 1793-94, malgré la fermeture

---

(1) Saint-Maur devint un moment Vivant-sur-Marne par arrêté municipal du 22 nivose an II (12 janvier 1794).

des églises, la religion catholique fut ouvertement suivie à Paris et en banlieue dans des chapelles particulières. Il note que les catholiques du faubourg Saint-Antoine venaient jusqu'à Saint-Maur, où se trouvaient des chapelles improvisées, pour suivre les exercices religieux.

Le comité de sûreté générale apprenant les réunions clandestines tenues à Saint-Maur, arrêta le 23 floréal an II, que « le nommé Neuvillet ancien conseiller au ci-devant parlement de Rouen et sa femme résidant à Maur (sic) département de Paris, district de Bourg-l'Égalité (Bourg-la-Reine) seront arrêtés ainsi que toutes les autres personnes suspectes qui seront trouvées chez eux, traduits dans une des maisons de Paris pour y être détenus jusqu'à nouvel ordre ». Les commissaires arrêtèrent là, avec les époux Neuvillette (d'Houppeville), le ci-devant prêtre Fauvel.

Le 29 floréal suivant, ces trois prisonniers sont extraits de la maison d'arrêt de Port-Libre pour être conduits à Saint-Maur où doivent avoir lieu des perquisitions...

Après quelque temps de détention les prisonniers recouvrèrent leur liberté. Ajoutons que Dupont de Nemours fut également arrêté à Saint-Maur, en 1794 ainsi que la dame Malaucourt, divorcée de Glatigny, émigré (1).

L'église fut rendue au culte catholique le 18 prairial an III (6 juin 1795) par cette annonce :

« 1° Les citoyens de la commune seront authentiquement prévenus que le libre usage de l'église leur est provisoirement accordé.

« 2° Ils prendront ladite église dans l'état où elle est à la charge de l'entretenir et réparer sans aucune taxe forcée.

« 3° Le conseil voulant concourir aux moyens d'entretenir la paix et la concorde, donner aux opinions religieuses une latitude convenable et faire respecter celle des individus, rapport à la société, persuadé que les catholiques sont les seuls dans cette commune qui sont dans le cas de restaurer l'exercice de ce culte, les jours et heures seront les mêmes que ceux anciennement observés, à dix heures pour l'office du matin et trois heures pour *celle* (sic) du soir ».

---

(1) Arch. nat., AF* II. 254.

Aux termes de la loi du 3 ventôse an III, concernant les cultes, la République n'en salarie aucun, elle ne fournit aucun local, les cérémonies sont interdites en dehors de l'enceinte choisie, aucun signe particulier à un culte ne peut être placé dans un lieu particulier, ni extérieur, de quelque manière que ce soit.

Dans leur zèle, les catholiques profitant de la tolérance des pouvoirs publics, avaient cru pouvoir élever les croix jetées bas par l'esprit jacobin. Le conseil municipal leur en fit défense par cet arrêté du 19 floréal an III (8 mai 1795) : « Apprenant que la Croix-Sòuris a été exposée et mise en place, ordonne que l'agent national prendra des renseignements sur ceux qui tenteront d'élever de pareils *signals* (sic) ».

Déjà le 10 prairial an III (29 mai 1795), trois prêtres avaient déclaré à la municipalité « être dans l'intention d'exercer le ministère du culte catholique dans l'édifice à ce destiné et promis, à cet effet de se conformer aux lois de la République ». C'étaient le curé Fournier, Pierre-François Nicque (1) ex-Mathurin, cousin germain du curé, et l'abbé Charles-Louis Fauvel qui avait, en outre, déclaré vouloir exercer le culte catholique dans la maison de la citoyenne Neuvillette (2).

Nous retrouvons encore ces trois prêtres le 18 vendémiaire an IV (10 octobre 1795) au moment de la prestation du serment suivant : « Je reconnais que l'universalité des citoyens français est le souverain et je promets soumission et obéissance aux lois de la République ».

La tourmente passée, le curé Claude-Marie Fournier reprit la direction de son église jusqu'à sa mort, survenue le 28 floréal an IX (18 mai 1801) (3). Durant cette période de calme, la paroisse n'a point d'histoire, comme les peuples heureux.

L'inventaire des objets du culte, dressé par la municipalité, le 9 floréal an X (29 avril 1802) et signé par le curé Ricard, ne compte qu'une cloche ; les trois autres dont nous avons décrit la cérémonie du baptême avaient été sacrifiées aux besoins

---

(1) Natif de Soissons, inhumé à Saint-Maur le 26 pluviôse an VIII (15 février 1800) à l'àge de soixante-douze ans.

(2) Nicolas d'Houppeville, dit Neuvillette, 5, rue de Paris, était décédé à Saint-Maur le 7 pluviôse an III. Sa veuve mourut à Saint-Maur également, le 1er floréal an IV. A la déclaration de décès, Fauvel se dit âgé de quarante-cinq ans et donne comme profession, instituteur.

(3) Claude-Marie Fournier, né à Soissons, profession de ministre des cultes, décédé à l'âge de soixante-neuf ans, fils de François et de Charlotte Chaudaye. (Arch. de Saint-Maur).

de la défense du territoire. Il compte également une horloge, cent soixante-neuf chaises de paille et quelques bancs et mentionne des tableaux, des ornements, des objets d'orfèvrerie sacrée en cuivre doré, sans grande valeur, une image de la Vierge, l'antique statue en bois de Notre-Dame-des-Miracles que des mains pieuses avaient sauvée de la destruction, celles dit-on, de l'ancien maire Hacar, établi serrurier, près de l'église.

Le 12 prairial an XIII (1er mai 1805) le curé écrit au maire, le baron de Caylus, que les vases sacrés en cuivre ont été volés et qu'il vient d'en acheter d'autres en argent sur le produit d'une souscription. Une vive querelle s'éleva entre les deux autorités parce que l'opération s'était faite en dehors du contrôle de la municipalité. Le curé n'aimait pas les membres de la municipalité qui avaient plus ou moins donné dans les idées révolutionnaires. Dans un rapport du colonel Pontard, commandant la 1re légion de gendarmerie impériale, à M. Portalis, Ministre des cultes, en date du 14 nivôse an XIII et qui constitue une enquête générale sur l'état du culte, nous lisons ceci pour Saint-Maur : « Il n'y a qu'une très faible minorité attachée au culte. Le curé n'a pas toute l'aménité et les formes qu'il convient pour ramener des esprits exaltés ; il n'est point aimé des autorités locales ».

Mais à la vente des biens nationaux le 9 germinal an III (29 mars 1795) le presbytère et les terres de la fabrique avaient été dispersées et le curé n'eut pendant quelque temps, pour toutes ressources, que le produit du casuel. Une loi attribua aux ministres du culte catholique les presbytères qui n'avaient point été aliénés, on permit aux communes de venir en aide aux curés par des subventions. Le 18 floréal an XI (18 mai 1803) le conseil municipal alloue 500 francs par an de traitement au curé et 150 francs pour le loyer de sa maison et jardin.

Cette ère de paix religieuse et de tolérance devait avoir son couronnement à la signature du Concordat comme nous le verrons au chapitre III. Cet acte fut bien accueilli du maire (Bellin) et du curé de Saint-Maur (Ricard) qui le 22 messidor an XII prêtent, devant le sous-préfet de Sceaux, le serment suivant : « Je jure d'être fidèle aux constitutions de l'Empire et d'être fidèle à l'Empereur » (1).

---

(1) Arch. nat., F19 III (Seine) 13.

CHAPITRE II

PAROISSE SAINT-HILAIRE DE LA VARENNE

(DES ORIGINES A LA RÉVOLUTION)

Patron : Saint-Hilaire, évêque de Poitiers.
Fête : le 14 janvier.

Au delà de la paroisse Saint-Nicolas que nous venons de décrire, on traversait la plaine peu fertile pour se rendre à Saint-Hilaire.

Origines. Par l'expression, *La Varenne,* il faut entendre toute la presqu'île moins le *Bourg* de Saint-Maur, fermé de murailles.

Pour aller d'une paroisse à l'autre il fallait traverser le bourg, passer *la Porte* qui donnait issue sur la plaine et suivre en droite ligne pour atteindre le bac de Chennevières. Cet ancien chemin est représenté par la rue Mahieu, le boulevard National et l'avenue du Bac.

Après la sécularisation de l'Abbaye (1536), François Ier ordonna à l'évêque de Paris, Jean du Bellay, en lui accordant le droit de chasse, de « clore et fermer de murailles tout ce qui ne se trouverait environné de ladite rivière de Marne afin que les lièvres et aultres gibiers estant en ladite garenne ne peussent sortir du dedans de icelle » (1).

____

(1) Arch. nat., S 1181 ᴬ.

Les portes de Saint-Maur seules donnèrent accès à la plaine. « Et que par luy avoit esté faict en manière qu'il ne seroit demouré lieu ne endroit pour entrer en ladite garenne sinon par ung seul chemin qui commence depuis la place du village dudit Saint-Maur et se continue dela par au long d'ung lieu appellé la grange dimeresse qui va suyvant la muraille du parc, droit au port de Chenevières ».

Mais cette clôture ne suffisait pas à empécher les larrons de gibier, les braconniers du village, de piller de nuit la garenne, aussi le roi ajoute-t-il : « voulons et luy permectons quil face desapresent fermer et clorre de muraille tout le travers dudit chemyn au dessoulz dudit lieu de la grange dimeresse pource que plus avant ny a nulle maison des appartenances dudit village de Sainct Maur. A la charge touttefois que parmy ce il laissera dedans ladite muraille et closture dudit chemyn une grande et spacieuse porte par laquelle puissent passer et rapasser charrettes et chariotz chargés de boys, foing, paille et aultres choses nécessaires pour les habitants dudit villaige de Sainct Maur et lieux circonvoysins et que demourera ladite porte ordinairement ouverte pour les fins que dessus et quant à la nuyct y aura portier logé si près de ladite porte que facilement il puisse ouyr quant on frappera ou appellera a ladite porte pour la leur ouvryr à tous ceulx et celles qui auront à faire d'y passer ou mener charroix ou voictures sans les retarder ne leur en faire aucune difficulté. Et lequel portier pour leffect que dict est, seront notre dict cousin et ses successeurs evesques de Paris tenuz de payer et entretenir à ladite charge et à leurs dépens... Donné au boys de Vincennes le dixiesme de mars lan de grâce mil cinq cens quarente et ung et de nostre règne le vingt-huitiesme ».

Cette porte et la grange dimeresse se trouvaient à l'emplacement de l'école libre de la rue Mahieu, près de la rue Godefroy-Cavaignac. Sous les Bourbons et jusqu'à la Révolution elle devint la *Capitainerie,* demeure du capitaine des plaisirs du prince, son garde-chasse principal, son régisseur.

Le mur dont il est ici question est bien visible sur un plan de Saint-Maur (1680) (1). Il partait de la rue Godefroy-Cavaignac,

---

(1) Bibl. nat. Plan et carte particulière des environs de Saint-Maur, très exactement faite sur les lieux.

s'infléchissait vers Paris pour aboutir à la Croix-Souris et de là, en ligne droite, aboutissait à un bras de Marne. Cette partie existe encore au fond de la rue des Saules. Au nord, les murs de l'Abbaye et du Château complétaient le barrage.

Un très ancien chemin, représenté à peu près par la rue Godefroy-Cavaignac, permettait de se rendre au bac de Créteil, après avoir passé *la Porte*.

Lorsque le prince de Condé eut agrandi le Petit Parc par l'adjonction de toutes les propriétés situées à l'est et au midi du village, le chemin de Saint-Hilaire fut détourné. On suivait les rues Maurice-Berteaux, de La Varenne, dont la forme circulaire représente la porte neuve du château où aboutissait la large avenue plantée de quatre rangées d'ormes, puis le boulevard Rabelais et le boulevard National, etc.

Le plus ancien village de Saint-Hilaire, celui que le Cartulaire nomme *Cella* (chapelle), était situé vers le carrefour des avenues des Perdrix et des Sorbiers. Il comprenait l'église et quelques maisons de laboureurs.

Pour s'y rendre, il fallait emprunter un chemin qui passait devant la Croix-Souris, et suivre à peu près la rue du Pont-de-Créteil, le boulevard de la Pie, l'avenue des Perdrix; de là, on obliquait un peu à gauche, dans la direction du boulevard Voltaire qui est encore un vestige d'un très ancien chemin conduisant au port de Chennevières.

On verra comment le village et l'église se sont déplacés.

L'ancienne église Saint-Hilaire de La Varenne datait d'une époque fort reculée. L'abbé Lebeuf suppose qu'elle fut dédiée à Saint-Hilaire, évêque de Poitiers, à cause de quelque relique de ce saint qu'Ebroïn, évêque de cette même ville, aurait envoyée en 850, à l'Abbaye-des-Fossés avec laquelle il était en rapports à cause du monastère de Glanfeuil-sur-Loire, dont il jouissait, mais qui dépendait de celui de Saint-Maur.

Quoi qu'il en soit de son origine inconnue, mais très reculée, on sait que *l'autel* de Saint-Hilaire fut donné à l'Abbaye, vers le commencement du xie siècle, par Raynaud, évêque de Paris, fils de ce Bouchard, comte de Corbeil, défenseur et grand bienfaiteur de ladite Abbaye, dans laquelle même il vint finir ses jours. La donation de l'autel, signifie, comme nous l'avons déjà dit, que l'évêque cédait aux moines les revenus et l'administration de la paroisse. L'acte de donation le désigne ainsi : « *Altare Sancti Hilarii de villa que dicitur Cella et nunc dicitur de Varana* ». *Et maintenant de La Varenne* a été ajouté par le copiste, auteur du *Cartulaire*, au xiiie siècle. La donation fut faite à la demande d'Elisierne, archidiacre de Notre-Dame de Paris (1).

L'endroit où l'on passe la Marne à bac, dit d'Anville dans ses Mémoires, est appelé les *Pilliers*. Le hameau, près du bac de Chennevières, ne deviendra Saint-Hilaire qu'après le déplacement de l'église.

La Varenne, ou les Varennes, ou la Garenne, désignait autrefois toute la plaine. La configuration de celle-ci et le peu de valeur de ses terres en faisaient un lieu tout naturellement désigné pour servir de garenne.

Ce mot vient du latin *Warenna* qui signifie garenne. Ces lieux sont ainsi nommés parce que c'étaient autrefois des garennes (2).

La Varenne-Saint-Maur, lieu de l'Isle-de-France, généralité de Paris. Il donna le nom à la plaine des environs, et il a pris le sien de ce que c'était un endroit où les rois prenaient autrefois le plaisir de la chasse (3).

On voit, d'après le Cartulaire de l'Abbaye, qu'au xe siècle le territoire de La Varenne renfermait trente-sept charrettes ou charrues et dix-huit manoirs de manouvriers ; ce qui, en comptant les charretiers avec leurs manouvriers, formait cent vingt et un hommes. Nous ferons remarquer que dans ce nombre sont compris ceux de *Champignol* (4) et de *Port-Créteil*.

Les habitants devaient, comme ceux de Saint-Maur, les corvées de huit jours par an, de chaque bête traînante, des cens, des droits d'audience montant à 26 sols 6 deniers à raison de 4 deniers par maison, la dîme des agneaux et des oysons, la dîme du vin et autres droits ; en retour, l'abbé devait fournir le jour de Pâques douze pains conventuels et un setier et demi de vin pour être distribués aux communiants de ladite paroisse.

---

(1) Arch. nat., LL 48. — Ego in dei nomine Presul Parisiorum Rainoldus pietate commotus et ut ibi semper meum memoriale habeatur quoddam Altare deo quidem dicatum sed Beato Hilario petitulatum in pago parisiaco insule fossatensis et in villa que dicitur cella per deprecationem Elisierni Archidiaconi sancti Petri Monasterii Monachis ita in perpetuum concedit possidendum...

(2) *Dictionnaire* de Trévoux, 1752, au mot La Varenne-Saint-Maur.

(3) *Dictionnaire* de La Martinière, 1768.

(4) Les actes du xiiie siècle portent *Champigniel, Champigneau, Champigot ;* Champignol est une corruption assez récente.

Les fidèles avaient autrefois coutume de faire leur communion sous les deux espèces.

L'abbé Jean Ier accorda la liberté aux serfs de ses terres, en présence de Blanche de Castille, en 1251 ; savoir, à ceux *des Fossés,* de *La Varenne,* de *Chennevières* et de *P...* (ici une lacune, mais de Port-Créteil fort probablement) (1).

En 1280, l'abbé Pierre de Chevry nomme maire, ou collecteur des cens de La Varenne, le chevalier Gilon (2).

Au XVIIe siècle, le village de Saint-Hilaire comprenait simplement quelques maisons au carrefour de la rue du même nom et de la rue du Bac, deux fermes et deux ou trois maisons au bord de l'eau parmi lesquelles la maison du passeur et l'Hôtellerie des Quatre-fils Aymond, ou de Saint-Nicolas. Au point où accostait le bac était l'abreuvoir du village.

La topographie ancienne des rives de la Marne a été grandement modifiée par le remblai du pont et le surélèvement général des berges. La moindre inondation envahissait les terrains environnants, mais par sa situation, le village était à l'abri des plus fortes crues. Les habitants, instruits par l'expérience, avaient eu grand soin de placer leurs chemins, leurs habitations, leur église en dehors des zones submergées. Pour n'avoir point suivi cette règle de prudence, que la mémoire de nos pères n'avait eu garde d'oublier, l'inondation de 1910 atteignit l'église de La Varenne.

D'ailleurs des règlements basés sur la tradition et l'expérience défendaient de bâtir dans le lit majeur de la rivière.

Peu d'événements importants ont marqué le cours de l'histoire de cette petite paroisse, qui malgré sa grande étendue, n'a jamais compté plus d'une centaine de fidèles.

Les documents qui la concernent ne sont guère antérieurs au XVIe siècle.

Ils nous apprennent qu'en 1720 on y comptait dix-sept feux, soit quatre-vingts habitants environ, non compris ceux du Port-Créteil réunis, vers 1693, à la paroisse Saint-Nicolas.

---

(1) ...Blancha Franciæ regina, homines et feminas de Fossatis, de P..., de Clausa Varanna et de Canaberiis manumissit, seu liberos fecit (Gallia Christiana).

(2) Dominica qua cantatur Lœtare Jerusalem, Giloni armigero dedit majoriam de Varenna.

A l'époque de la Révolution un document officiel qui porte la signature du premier maire de Saint-Maur, Hubert Richard, y comptait quatre-vingts âmes, comme nous l'avons déjà vu.

La défense de construire dans la plaine pour ne pas créer d'obstacle aux chasses à courre et l'infertilité du sol sont les principales causes de la stagnation de la population de La Varenne.

L'église. L'église primitive avait été bâtie dans la plaine, loin des habitations qui peu à peu s'édifiaient près du bac, pour desservir plus commodément, sans doute, les agglomérations de La Varenne, Champigneau, Port-Créteil, et permettre aux bateliers d'y faire leurs dévotions pendant la navigation autour de la presqu'île qui durait parfois une journée, à cause des bas-fonds et des vannages des moulins.

On l'assigna tout d'abord aux serfs de l'Abbaye-des-Fossés qui mettaient les terres en culture.

Elle était située vers l'emplacement du n° 21 de la rue des Perdrix où de nombreux squelettes provenant du cimetière ont été exhumés il y a quelques années. On n'en a pas signalé les fondations, mais elles tomberont fatalement un jour sous la pioche d'un terrassier, de même que celles des quelques masures constituant l'ancien hameau de *Celle.*

Cette maison porte aussi le n° 11 de l'avenue des Sorbiers et l'on a trouvé également des squelettes aux n°s 7 et 9 et même dans l'avenue en posant les conduites d'eau. En face, au n° 4, un propriétaire signale l'existence d'une descente de souterrain aujourd'hui obstruée. L'avenue des Sorbiers traversait, à notre avis, le cimetière, près duquel se trouvait l'église. Les terrains environnants, les plus élevés de cette partie basse de la presqu'île, n'ont pas été inondés pendant le grand débordement de 1910, et forment ce qu'on appelle encore aujourd'hui le *dos d'âne.* L'expérience avait à ce point de vue garanti nos pères. Il était naturel de penser que l'église et le hameau pouvaient être retrouvés à cet endroit et c'est ce qui nous a conduit à faire une enquête sur les lieux qui corrobore absolument les données de nos vieilles cartes. Ajoutons que si l'on prolonge le boulevard Voltaire, qui est un vestige de l'ancien chemin de Saint-Hilaire au bac, on tombe exactement aux numéros de la rue des Sorbiers que nous venons d'indiquer.

Nous avons trouvé que cette église possédait avec le maître-autel, un autel de Saint-Christophe et un de Notre-Dame ; c'est tout ce que nous savons de ce modeste et très ancien édifice.

A l'époque où de Gourville prit la gérance des biens du prince de Condé, cette très ancienne église fut démolie et remplacée par une autre plus rapprochée des habitations. Elle était alors si délabrée qu'une partie était déjà tombée en ruines et que les habitants avaient dû l'abandonner par crainte de quelque accident.

Le 20 avril 1693 « attendu l'avis que le Chapitre a eu qu'on ne pouvait dire la messe à Saint-Hilaire à cause des réparations qui y sont à faire, il est ordonné que la procession des rogations se fera à Nostre-Dame de Presles ». Le projet de réparation fut abandonné et on décida l'édification d'une nouvelle église. Par acte, passé le 22 avril 1693, par devant Hubert Nasse, greffier et tabellion de Saint-Maur, entre Messire Jean Hérault de Gourville et Messire Jean le Vallois, curé de Saint-Hilaire, il fut arrêté ce qui suit : « Sçavoir que pour la commodité et utilité dudit sieur curé, et habitants vassaux de son Altesse sérénissime et pour leur donner lieu d'assister plus commodément au service divin de leur paroisse, sous le bon plaisir et l'agrément de Monseigneur l'Archevêque de Paris, de faire démolir entiè-rement ladite église et de faire transporter les matériaux au milieu de tous les paroissiens de la dite Varenne du costé du port de Chenevières sur telle place qui sera trouvée la plus commode pour y faire bâtir et construire une nouvelle église d'une grandeur convenable pour servir de paroisse aux habitants de ladite Varenne de Saint-Maur, laquelle église M. de Gourville a bien voulu faire bâtir et construire par charité à ses frais et dépens et à cet effet a mis entre les mains du sieur Nouvel (receveur du Prince) la somme de douze cent livres pour être employée à bâtir la dite nouvelle église et à la charge que la place où est la dite ancienne église après qu'elle sera démolie apartiendra à S. A. S. Monseigneur le Prince, laquelle place on ne pourra néantmoins labourer, fouiller, ny y bâtir aucuns édi-fices et que la croix qui est de présent proche la dite église y demeurera... »

Cette croix qui subsistait encore à la fin du xviiie siècle s'appelait la *Croix-Saint-Hilaire*.

Les travaux de reconstruction durèrent de juillet à fin

Ferme de Champignol (Vue de la Marne)

décembre 1693 (1), les anciens matériaux furent utilisés et on transporta dans la nouvelle église les tombes de l'ancienne dont quelques-unes dataient du xiiie siècle.

L'église nouvelle était du style du temps et fort petite ; il est vrai qu'elle n'avait pas besoin d'être bien vaste pour un aussi petit nombre de paroissiens.

Cette deuxième église fut édifiée dans la propriété dite aujourd'hui le Château de La Varenne, 31, rue Saint-Hilaire. Nous aurons l'occasion, par la suite, d'en préciser l'emplacement. Mais longtemps avant, le presbytère y avait déjà été transporté.

Pendant les travaux de reconstruction « les fonctions curiales » eurent lieu dans la petite chapelle Saint-Nicolas de Champigneau, dépendante de la paroisse.

Cette chapelle est visible sur la carte de l'abbé de La Grive et sur un plan de la presqu'île datant de 1701. Elle était au centre d'un écart comprenant la ferme et quelques masures de laboureurs.

Il en reste quelques vestiges dans la propriété du docteur Mège, située au fond de l'impasse Boileau et visible surtout du bord de l'eau ; une dépendance tapissée de lierre, la désigne aux promeneurs.

Sur cette dépendance rectangulaire et renaissance se voit un médaillon aux armes des Bourbons avec le buste de la duchesse douairière (1750), au-dessus de la porte monumentale, au solide entablement, dont l'ouverture fait face à l'ouest et précédait une place et une allée de noyers. Une dépendance solidement bâtie semble bien, elle aussi un vestige de l'ancienne ferme, peut-être d'un ancien moulin.

Quant à la chapelle, il en reste une très vieille crypte, en forme de croix, à laquelle on accédait, de l'extérieur par un escalier de quelques marches. Cette crypte est voûtée en berceau et formée de parements grossièrement posés les uns sur les autres, mais reliés par un mortier de chaux très solide.

Est-ce la *Cave* de Saint-Félix dont il est fait mention dans l'*Histoire des paroisses* de *la Généralité de Paris*, par Lebeuf ? La chapelle, dédiée sans doute tout d'abord à Saint-Félix (le bienheureux), aurait-elle changé de nom, par le fait d'une confusion qui se serait produite dans l'esprit

---

(1) Une erreur typographique au sujet de cette date, s'est glissée dans notre *Histoire de Saint-Maur*, nous a signalons à nos lecteurs.

des mariniers, la prenant, à la longue, pour l'autre chapelle de Saint-Nicolas où ils avaient coutume de faire leurs dévotions ?

Cette supposition n'a rien d'invraisemblable. De nos jours encore, la partie de la Marne qui baigne l'ancienne ferme

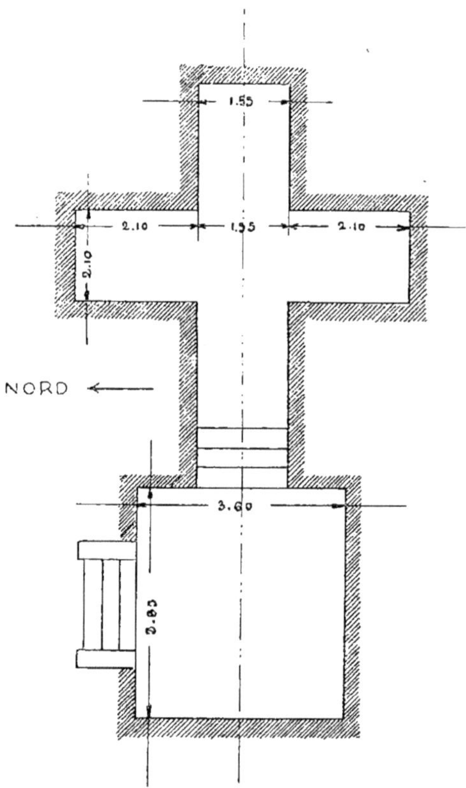

Crypte de la Chapelle Saint-Nicolas
de Champignol

s'appelle la *Cave*. Des dragueurs y ont trouvé des pilotis de chêne très solides qui semblent avoir supporté un très vieux moulin.

S'il en était ainsi, il faudrait voir là une crypte bâtie pour abriter les reliques de saint Félix, massacré peut-être en cet endroit par les Huns, comme on le voit dans le martyrologe d'Usuard.

Les premières cryptes, dit Viollet-le-Duc ont été taillées dans le roc ou maçonnées sous le sol pour cacher aux yeux des profanes le tombeau d'un martyr *(le martyrium)*. Plus tard au-dessus de ces hypogées vénérées par les premiers chrétiens, on éleva des chapelles ou de vastes églises. Vers le XIIe siècle, on mit les corps des saints dans des châsses de métal et dans les églises.

Il reste encore de l'antique chapelle une cloche, très ancienne, restée là par le plus grand des hasards, et qui est une relique extrêmement précieuse. Elle porte la date de 1672, avec l'inscription JESUS MARIA au-dessus du Christ en croix entre deux Saintes Femmes ; à l'opposé, une Vierge auréolée à l'Enfant. Elle est scellée dans la maison couverte de lierre que nous avons signalée.

Au XVIIe siècle, la paroisse de Saint-Hilaire comprenait, outre cette ferme, celle du *Mesnil* ou du *Trou*, qui paraît avoir été bâtie par Catherine de Médicis et celle des *Pilliers*, très ancienne, située boulevard Voltaire.

Le reste du terroir était en labours, prés, bois, marais et friches, car le sol est généralement de mauvaise qualité, sauf aux environs de la rivière où il a été enrichi par les limons des fréquentes inondations.

La Fronde. Le malheur fondit sur cette population de fermiers et de cultivateurs à l'époque de la Fronde. L'armée du duc Charles de Lorraine fit irruption dans la Brie vers le mois de juin 1652. Elle ne comptait que 8.000 hommes, mais elle traînait à sa suite 20.000 bouches qui pillaient et emportaient tout. Ces hommes venaient se joindre à l'armée du prince de Condé, composée de Français, de Lorrains, d'Allemands, qui tenait la plaine des marais de Créteil. Les populations des environs terrifiées par les excès auxquels se livraient « les Lorrains » se hâtèrent de fuir. Pontaut, Mandres, Villecresnes, Grosbois, Crosnes, Boissy, Valenton, etc., eurent beaucoup à souffrir. Les habitants de Chennevières et de Sucy se réfugièrent à La Varenne, ceux de Créteil au port de Créteil. Ces malheureux fuyards privés de tout, s'entassèrent dans les caves et les étables et presque tous périrent de maladies ou de privations. Les deux armées adverses avaient tout dévoré et comme elles tinrent la campagne pendant tout l'été, il n'y avait eu ni moisson, ni vendange, tout ayant été consommé sur pied. A Villeneuve-Saint-Georges, Turenne avait enlevé toutes les portes et les fenêtres des maisons pour construire un pont de bateaux sur la Seine. Les vases sacrés, les ornements d'église étaient emportés par les soldats et une relation de cette effroyable calamité dit que les gens mouraient sur la paille, comme des bêtes et qu'il n'y avait point de draps même pour ensevelir les morts, qui pourrissaient à côté des vivants, ceux-ci n'ayant même plus la force de les enterrer. On comprendra par ces quelques lignes, quelle dut être la misère de ce pauvre peuple qu'une cabale de cour, l'orgueil et l'insubordination de quelques grands seigneurs réduisaient à cette extrémité.

C'était Condé, le seigneur de Saint-Maur, qui était l'âme de la rébellion. Si dans la presqu'île, les réfugiés furent à l'abri des coups, sous la sauvegarde du prince, ils ne furent pas à l'abri de la misère, de la famine où les réduisaient les excès des soldats lorrains, comme ceux de l'armée de Turenne.

Une grande dame de Sucy, Mme de la Guette, nous a laissé une relation très émouvante des événements auxquels elle assista, dans sa maison, sous la sauvegarde des troupes adverses.

Elle dit des *Lorrains :* « Ils volaient extraordinairement et ils étaient faits comme des hiboux. Dans le trouble, le soldat ne considérait ni personne, ni qualité et tout le monde ne cherchait sa sûreté que dans la fuite, surtout les femmes exposées à être violées ». Elle fit partir les habitants pour La Varenne. « Ils n'avoient qu'un fort petit trajet de chemin à faire mais ce qui étoit le plus embarrassant, il falloit passer la rivière de Marne dans un bac ». L'enterrement d'un de ses fils l'ayant conduite à l'église, elle trouva le saint lieu dans le plus grand désordre ; le mobilier était détruit, le crucifix renversé la face contre terre et on marchait dans la plume jusqu'aux genoux, dit-elle. Le prêtre officiant ayant avisé le tabernacle s'aperçut que les saintes hosties avaient été oubliées, tant la fuite avait été précipitée. Il les emporta et en chemin les confia à un autre prêtre de Sucy qui venait aux nouvelles. « On lui remit les saintes hosties pour les porter à La Varenne de Saint-Maur, où il y avoit quantité de malades ».

Intérieur de l'Église Saint-Nicolas
Voy. p. 45

Le curé de Créteil lui aussi, a consigné aux registres d'état civil la relation de ces temps de troubles : « Les gens de guerre de l'armée de Monseigneur le Prince de Condé composée de Français, Lorains, Allemands, Vittemberg, furent cinq mois tant à Créteil qu'aux environs. Ils arrivèrent à Créteil le jour de l'octave du Saint-Sacrement (juin) et ne décampèrent qu'au 15 octobre pendant lequel temps ils pillèrent l'église de Créteil et toutes les maisons du lieu et des environs. Les Vittemberg en leur décampement campèrent trois jours dans l'église dans le presbytaire et dans toutes les maisons. Pendant qu'ils furent en ces cartiers cinq mois durant ils firent de grandes cruautés, pilleries et ravages. Les pauvres habitants n'osoient paroitre de peur d'être tués ou maltraités. Ils se réfugièrent les uns à Paris, les autres à Saint-Maur, et en mourut de misères, maladies et cruautés deux cent cinquante, tant hommes femmes qu'enfants grands et petits ; Dieu par sa sainte grâce nous veuille délivrer de semblables misères à l'avenir.

« L'église paroissiale de Créteil et la chapelle Notre-Dame-des-Mèches qui avoient été pollué par les Allemands, Vittemberg, Lorains, et Français de l'armée de Monsieur le Prince de Condé fut rebénite et réconcilliée le 26 octobre 1652 par moi prêtre conseiller et aumonier du Roy, curé de Créteil suivant le pouvoir à moy donné de Monseigneur l'Archevêque de Corinthe, coadjuteur de l'Archevêché.

« Signé : Peillot de Lagarde » (1).

Comme on l'a vu, c'est au Port-de-Créteil, dans les cinq ou six maisons qui s'y trouvaient que les habitants de Créteil s'étaient réfugiés et entassés.

Des épidémies terribles se déclarèrent parmi les habitants des paroisses voisines qui avaient cherché un refuge dans la presqu'île. Il en mourut un nombre effrayant.

Le pauvre curé de La Varenne, qui enterrait à peine deux ou trois paroissiens par an, eut de la besogne, si l'on songe surtout que le cimetière et l'église se trouvaient alors très loin des habitations. Voici quelques échos douloureux de cette époque.

---

(1) Archives de Créteil.

« Le samedi 8 juin 1652, a été inhumée en la paroisse de Saint-Hilaire une femme de Sucy en Brye qui est morte en la maison de Monsieur de la Queue (1) ou elle estoit réfugiée avec sa famille accause des troupes lorraines ».

« Un habitant de Chennevière noyé en fuyant les soldats a été inhumé le 11 juin 1652 dans le cimetière ».

« Le même jour fut inhumé au même lieu le fils du nommé Pixonnet de la paroisse de Chennevière, retiré de la rivière ou il avait été tué par les soldats ».

« Le mercredi troisième jour de juillet 1652, a été enterré dans le cimetière Saint-Hilaire le bourrelier de Créteil décédé au Port de Créteil ou il estoit retiré à cause des guerres » (2).

« Le même jour un pauvre soldat de l'armée de Turenne est mort dans une estable et enterré dans le cimetière ».

Du 8 juin au 12 décembre 1652 on enterra au cimetière de Saint-Hilaire 156 personnes, 54 de Sucy, 42 de Créteil, 25 de Chennevière, 35 de La Varenne. Le 3 juillet il y eut cinq convois, mais le mois d'octobre surtout fut marqué par une effrayante mortalité. Le 30 septembre on enterra 15 personnes et 4, 5, 6 ou 7 les jours suivants. Ce furent sans aucun doute, les plus sombres jours de l'histoire de la petite paroisse.

L'histoire de la paroisse de Saint-Hilaire, comme celle de Saint-Nicolas ne remonte guère au delà du XVIᵉ siècle. Les documents sont presque nuls avant cette époque, et, de l'administration monastique, il ne nous

Les curés.

est parvenu que des chartes et le Cartulaire qui n'en est qu'un recueil.

Il est fait mention du curé de La Varenne dans les « Comptes de frère Denis Bouchard, prieur de Tournan-en-Brie, membre dépendant de l'Esglise et Abbaye Monsieur Saint-Mor-des-Fossés, procureur et recepveur de réverend père en Dieu Monseigneur Raoul du Fou evesque devreulx et abbe commendataire de ladite esglise de Saint-Mor

---

(1) La ferme du Mesnil.

(2) Remarquons ici que le Port de Créteil était encore de la paroisse Saint-Hilaire, comme nous l'avons établi dans un chapitre précédent.

pour les années 1492-1493 » (1). On y lit aux chapitres des dépenses :

« A maistre *Guy de Magny* curé de Saint-Hyllaire de La Varenne lequel a droit à prandre tous les ans pour son gros la quantité de cinq aigneaux sur lesdites dismes de ladite Varenne pour ce VIII. s. p. ».

Au-dessous de cette dépense de huit sols parisis le receveur explique que « Ce curé a droit de prendre tous les ans sur les dismes des grains 27 sextiers dont 18 de seigle ».

Le plus ancien document concernant les curés de cette paroisse après celui que nous venons de citer est une « provision des vicaires de Saint-Maur, le siège abbatial étant vacant, de la cure de Saint-Hillaire de Varennes dioceze de Paris pour Messire *Pierre Riday* par l'admission et permutation de Messire *Geoffroy Lemoyne*, adressée à l'archidiacre de Paris le 10 juillet 1511 » (2).

Nous avons pu, au cours de très longues recherches, reconstituer la liste des curés de Saint-Hilaire depuis le XVIe siècle. Nous donnons ici leurs noms avec les dates des documents qui nous les ont révélés.

Comme l'église Saint-Nicolas, celle-ci fut de temps immémorial desservie par un prêtre dépendant de l'Abbaye. Ce chapelain avait droit de prendre chaque année en la grange du monastère « XVIII sextiers de seigle et IX sextiers d'orge et

---

(1) Arch. nat., S 1271¹ *. Ce document est des plus intéressants au point de vue général comme au point de vue local. Il peut servir à fixer le prix des choses au moment de la découverte de l'Amérique. On y lit ainsi :

« Pour la vente de cinq veaulx vendus au pris chacuns de vingt solz parisis receu pour lesdits cinq veaulx, cent s. p.

« Pour la vente de trois coichons à lait, quinze s. p.

« Pour deux peaulx de vache, lune vendue IX s. p. et laultre VI, quinze s. p.

« Pour un cent dœufs, payé cinq s. p.

« Quatorze chappons au pris de deux solz parisis la piesse ».

La recette du four banal, explique l'auteur, a été nulle parce que les habitants de Saint-Maur ont des fours assencés, et il donne l'énumération desdits habitants, pièce qui constitue le plus ancien dénombrement de population que nous connaissions. Elle contient les noms de vingt-huit familles.

(2) Arch. nat., L 456.

un muy de vin du pressouer de Brétigny (1), cinq agneaux de dixme et troys oysons ». Il était tenu de manger au couvent avec les moines, avant d'avoir le gros qui lui permit de vivre isolément avec la seule obligation d'accompagner les moines à la procession.

Le nom d'un autre curé figure dans un acte du 22 juin 1557 : « Messire *Jean Massé* prestre vicaire de Saint-Hilaire donne à la fabrique Saint-Nicolas une maison cour et jardin rue des Sablons » (2). Ce prestre vicaire n'était sans doute qu'un desservant.

Un peu plus tard, ce fut le chanoine *Maʒalon* qui devint curé, comme nous l'apprend une insinuation du Châtelet, de Paris, en date du 5 février 1576 : « Louis Mazalon, prêtre, chanoine de l'église de Saint-Maur-les-Fossés et curé de Saint-Hilaire de La Varenne de Saint-Maur, fait donation à Guillemette Bodequin, sa servante, d'un quartier d'isle, appelé la pointe de l'isle de Beaubourg (3) à Saint-Maur-les-Fossez, en la rivière de Marne, en considération des bons et agréables services que lui a fait ladite. Bodequin durant vingt-deux ans qu'elle la servi, et en paiement de tous ses loyers de service de tout le temps passé » (4). Il mourut en 1577.

Le curé *Lange,* mourut le 2 mai 1594, laissant au Chapitre de Saint-Maur trois arpents de pré situés à La Varenne pour un obit

---

(1) Le fief de Brétigny appartenant à l'Abbaye de Saint-Maur comprenait toute la vallée du rû du Morbras, jusqu'au sommet du plateau peut-être même Chennevières, mais sûrement les plaines longeant la Marne jusqu'aux terres de Bonneuil, avec un moulin. Il était de la mairie de Varenne.

Il y a au cartulaire de l'Abbaye deux expressions qui ont fort intrigué le savant abbé Lebeuf et dont il n'a pu retrouver la signification. Marconval (en 1295) devait se dire de Brétigny, sur le terroir duquel se trouvent encore aujourd'hui les châteaux de *Grand Val* et *Petit Val* à Sucy.

On y lit également que Jean, abbé des Fossés, accorda en 1250, la manumission aux habitants de *Clausa Varenna,* des Fossés et de Chennevières et que Blanche de Castille confirma cet acte en 1251. Cette expression de *Varenne Close,* nous paraît signifier aujourd'hui, après exhumation de nouveaux documents, la plaine enclose par la Marne, à l'exclusion de Brétigny et Marconval qui faisaient partie cependant de la mairie de *Varenne Close.*

(2) Rue qui a disparu, parallèle à la rue du Four, au fond de l'impasse Malaquis (et non Malaquais), ainsi appelé d'une vigne dite le *Tartre* (monnaie) *mal acquis.*

(3) Cette île était formée par un chenal servant à amener l'eau au moulin des moines et qui commençait à hauteur de l'entrée du canal de Saint-Maur, suivait la rue du Chemin-Vert et finissait un peu en amont du nouveau pont du petit Parc.

(4) Arch. nat., Y 117 fol. 251 V°.

solennel le jour de son trépas. C'est pour lui que la décision suivante fut prise par les chanoines : « Le lundy 7e jour de juillet 1578, a esté ordonné que le curé de La Varenne assistera au divin service et portera le surplis et chantera lépitre par chacun jour de lannée auquel a esté ordonné qui luy sera délivré par chacun moys la somme de trente sols tournoys ».

Messire *Antoine Fioraventy*, chanoine lui succéda. Ce prêtre fut nommé bénéficier sur la présentation de Catherine de Médicis et par lettre de cette reine aux chanoines en date du 14 janvier 1585. Cette lettre nous apprend que le nouveau chanoine était florentin, naturalisé français. Il ne vint prendre possession de son poste à la collégiale que le 26 février 1586, et mourut le 9 avril 1601 (1).

Messire *Gilles Portail* était curé en 1606.

Messire *Michel Alexandre* l'était vers 1610 et en mai 1612. Il devint chapelain de la collégiale.

Nous avons trouvé de la main de ce curé la déclaration du revenu de la petite paroisse :

« Je, messire Michel Alexandre, prestre vicaire de la paroisse de Saint-Hillaire la Varesne de Saint-Maur et Pierre Poiré marguillier de ladite esglise certifions la rente cy après déclarée.

« Je dy y n'y a que en nostre esglise environ sept livres de rente deubt à ladite esglise sur quoi il faut dire le service de ladite esglise et pour laquelle rente y n'y a aulcun contrat et ont esté perdu durant les guerres.

« Je dy trois arpents de terre qui appartient à ladite esglise qui sont loués tous les ans trois livres tournois.

« Faict le 3e jour d'apvril 1610 » (2).

Messire *Mesnage* ou Mesnaige, orthographe plus usitée en ce temps là, était curé en 1620. C'est lui qui a ouvert les registres de la paroisse. Sous son ministère, les ornements de son église sont volés, en 1624, ce qui motive une délibération des chanoines, tenus de les remplacer.

----

(1) L'orthographe était Fioraventi mais au xvie siècle on avait la manie de remplacer l'*i* par l'*y*.

Le droit de présentation, après nombreuses contestations, fut reconnu à l'évêque de Paris par arrêt de la Cour du parlement de Rouen en date du 20 mars 1604, qui le maintint « au droit de conférer et présenter en la chantrerie, prébendes, vicaireries et chappellenies de l'église de Saint-Maur-des-Fossez ».

(2) Arch. nat., P 1732.

Messire *Hilaire Ragnier* entre en possession de la cure « Monsieur Saint Hilaire de la Varenne Saint-Maur » le 17ᵉ jour de juillet 1635.

Messire *François Deschamps* est mis en demeure le 8 août 1638, d'opter entre sa vicairerie à la collégiale ou sa cure de Saint-Hilaire, ne pouvant à cause de l'éloignement et des fonctions de curé, assister aux offices à la collégiale comme le portait les statuts.

Quelques-uns des curés, chanoines ou vicaires perpétuels, qui étaient astreints à la résidence pour avoir droit au revenu de leur prébende, trouvaient plus avantageux de se faire remplacer par des desservants et n'allaient dans leur cure que les jours de grandes fêtes.

Nous avons ainsi trouvé un vicaire perpétuel du nom de Caperon, curé non résident de Montry, près Lagny (Seine-et-Marne).

Messire *J. Le Chevallier* était curé en novembre 1640.

Messire *Sedaine* fut curé depuis 1649. C'est lui qui inhuma toutes les victimes de la Fronde dont nous venons de parler. Il mourut à l'âge de soixante-douze ans, le 12 juillet 1666 et fut inhumé dans l'église.

Messire *Simon Vatel* fut curé depuis le mois de janvier 1656. Il mourut le 12 octobre 1667 et fut inhumé « devant *l'hautel* de Saint-Hilaire de la Varenne par Messieurs les chanoines de Saint-Maur ».

Messire *Jean Le Vallois*, prêtre du diocèse de Coutances, lui succéda en août 1668, jusqu'en 1708. C'est sous son ministère que l'église fut déplacée. La provision à lui donnée par Hardouin de Péréfixe pour la cure, paroisse et église de Saint-Hilaire est du 18 mai 1668 (1).

Messire *François Dutot* fut curé en 1708, et passa plus tard à la cure de Romainville (2).

Messire *Raymond* l'était en 1716.

Messire *Cléreau* en 1717 et 1721.

Messire *Jacques-Pierre Rousseau*, en 1726.

Messire *Dicquemare* en août 1747.

---

(1) Arch. nat., L 518.

(2) Ce détail est confirmé par l'ouvrage de M. GABRIEL HUSSON, *Histoire de Romainville*.

Messire *Pierre Le Saulnier* fut nommé en 1757 et mourut en 1762. Voici son acte mortuaire : « L'an du Seigneur mil-sept-cent-soixante et deux et le vingt d'aoust le corps de prudente et discrète personne, messire *Pierre Le Saulnier* prestre curé de cette paroisse décédé d'hier, âgé de trente-six ans, a été ce jourd'hui inhumé dans l'église de ladite paroisse par nous curé de Saint-Maur soussigné, en présence de Messire de Lestache vicaire de Sucy, de Messire Bauce prêtre-diacre. — Chambault curé de Saint-Maur ».

Messire *Maupin* le remplaça jusqu'en 1777.

Messire *Jean-Batiste Duval* clòt la liste des curés de la paroisse de Saint-Hilaire. Il entre en fonctions à la suite du précédent jusqu'à la période révolutionnaire, époque à laquelle la paroisse de Saint-Hilaire fut réunie à celle de Saint-Nicolas. Nous donnons plus loin son acte de décès.

Les chanoines étaient curés primitifs de l'église Saint-Hilaire et à la fête paroissiale désignaient toujours pour faire l'office un des leurs à l'autel et un autre aux sacrements : mais les curés luttèrent toujours contre ce privilège. Quelques-uns, comme Messire Cléreau commençaient les offices avant l'arrivée de prêtres délégués et se dispensaient ainsi de les laisser officier et surtout de les payer comme il était d'usage « Du quatorzième jour de janvier, jour Saint Hilaire, mil-six-cent-quatre, messieurs les chanoines ont requis Messire Estienne de Joy prestre chanoine de céans, d'aller célébrer la messe parochialle et patronnale en l'église Saint-Hilaire de La Varenne Saint-Maur dont ils sont curés primitifs et en cas de trouble l'ont requis de faire citer par devant l'official de Paris ».

Un curé qui n'avait point payé les chanoines délégués se vit condamné par le Chapitre « Il est ordonné que Messire Michel Alexandre curé de Saint-Hilaire de La Varenne a faulte d'avoir donné audit jour à Messieurs et officiers selon la coutume paiera deux escus et en cas de refus sera son gros saisy, et luy sera la présente ordonnance signifiée » (du 28 mai 1612).

La résistance du curé Cléreau fut même si obstinée qu'une action fut intentée contre lui par les chanoines. Une sentence des requêtes du palais du 2 octobre 1721, confirmée par arrêt du 5 juillet 1723 reconnut au Chapitre le droit de « faire l'office divin et autres fonctions curiales dans l'église de Saint-Hilaire de La Varenne la veille et le jour de Saint Hilaire ». Plus tard le 22 décembre 1727 à la prière du curé Rousseau, le Chapitre cesse volontairement d'user de son privilège tout en réservant ses droits pour l'avenir.

La pauvreté des curés devait être la grande raison de leur résistance. On a vu que la paroisse était peuplée d'une centaine à peine d'habitants, le casuel devait donc être fort modeste. Les droits des chanoines constituaient évidemment une charge considérable pour le pauvre curé réduit à une situation misérable.

Depuis le xvie siècle le curé de Saint-Hilaire touchait le gros à lui payé par les tenanciers de la seigneurie. On trouve, en effet, à l'acte d'adjudication de la terre de Saint-Maur à Charlotte de la Trémoille, épouse du premier Bourbon en 1598, cette clause : « à la charge de payer le gros du curé de Saint-Hilaire ainsi que de tout temps il a esté accoutumé ». Mais dans la suite il semble que ledit curé se soit arrogé le droit de percevoir des dîmes. A ce sujet il s'éleva vers la fin du xviie siècle une contestation entre le curé Le Vallois et Louis de Bourbon-Condé. Une action fut intentée par le curé disant « que ledit Condé fut tenu se désister des grosses, menues et vertes dismes novales (1) dans l'étendue de ladite paroisse et cure de Saint-Hilaire ». Le prince soutint et justifia être en droit et possession de ces dîmes et une transaction eut lieu, le 16 février 1672, sur ces bases : « Sur quoi les parties ont transigé et composé ainsi qu'il suit, c'est à savoir que ledit Le Vallois s'est désisté et départi de la demande par lui faite... et attendu que le gros qui lui a été payé jusqu'à présent n'est suffisant pour son entretien eu égard au peu de valeur des grains, ledit Le Vallois a remis et abandonné audit Condé ledit gros consistant en dix-huit septiers de seigle et neuf septiers d'orge, cinq cochons de lait, cinq agneaux et cinq oyesons ; et moyennant ce, ledit Condé voulant gratifier ledit Le Vallois et lui donner lieu de subsister en la desserte de ladite cure a volontairement promis de faire payer par le fermier de Saint-Maur et de ce en charger le bail et à défaut dudit fermier faire payer par le trésorier de sa maison annuellement la somme de deux cent-trente livres de portion congrue au lieu du gros et, par forme de supplément, à celui, à commencer au jour de Saint-Martin lors dernier, et continuer doresnavant audit Le Vallois et ses successeurs en ladite cure ».

---

(1) Novales, dîmes sur les terres nouvellement mises en culture ou les cultures nouvelles.

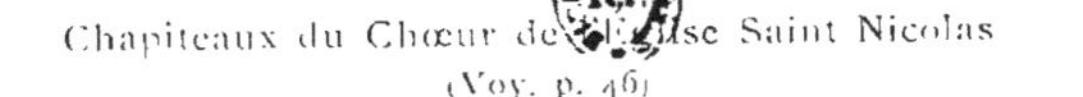

Chapiteaux du Chœur de l'Église Saint Nicolas
(Voy. p. 461)

Il n'y avait point de sage-femme, ni de chirurgien à La Varenne.
Ce sont ceux de Saint-Maur et de Sucy surtout qui venaient
y apporter les secours de leur art. Les baptêmes
n'y furent point nombreux ; quelques-uns des
actes nous donnent les noms des bourgeois parisiens qui possédaient à La Varenne des maisons
de campagne et contiennent des détails topogra-
phiques ou autres fort intéressants.

Baptêmes.

Dans un acte nous trouvons « le 16me jour de mars 1659,
fut parrain Claude Le Roux *meusnier* de Chenevières-sur-Marne ».
Nous supposons que le moulin de *Chenevières* se trouvait sur
le bras de Marne de *l'Ecu de France,* car ce lieu est dit au
cadastre de Chennevières, *les Vieux Moulins.* En face, sur le
territoire de Saint-Maur, notre cadastre porte également
les Vieux Moulins et l'île au-dessus de celle des Vignerons
(Ile d'Amour) est dite *Ile des Vieux Moulins.* Mais nous ferons
remarquer qu'il existait un moulin à vent sur la côte entre
Chennevières et Ormesson.

Le 6 octobre 1700, eut lieu à l'église Saint-Hilaire le baptême
d'un enfant de Chennevières « refusé au baptême par
Messire Clotié prieur de Chenevières, cérémonie faite par permission de Messire l'abbé de La Roche archidiacre de la Brie ».

Le 21 novembre 1745, fut admis au baptême un nègre de
Mozambique, âgé de dix-neuf ans, appelé *Caramby* au service de
Joseph-Claude Moy de la Croix, officier de l'Ile Bourbon,
demeurant à La Varenne.

Le 4 novembre 1782 eut lieu le baptême d'une fille de Micault
Dumonbar qui eut pour parrain le comte de Maillebois, lieute-
nant-général des armées, gouverneur des ville et citadelle
de Douai, représenté par Louis-Emmanuel Maximilien, marquis
de l'Aubespine et pour marraine Marie de Montvallier. La famille
Dumonbar qui habitait la ferme du *Trou* émigra en 1789 et ses
biens furent séquestrés comme on peut le voir dans notre *Histoire
de Saint-Maur.*

Cette ferme du Trou doit tenir son nom du trou plein d'eau
qui pouvait servir d'abreuvoir. Les infiltrations de la Marne
suffisaient à le tenir toujours plein. Cette ferme, appartenant
en dernier lieu à Didier, puis à Madame Du Haussoy, sa fille,
a disparu vers 1914. Nous en donnons une vue.

Nous avons glané quelques mariages importants célébrés à l'église Saint-Hilaire à La Varenne.

A l'un d'eux en date du 7 août 1697 nous trouvons comme témoin Garnier, procureur fiscal de Chennevières.

Mariages.

Le voisinage des deux villages rendait leurs relations constantes et naturelles. Il n'existait point au xviie siècle d'instituteur dans la paroisse, mais il y en avait un à Chennevières et les enfants fréquentaient l'école voisine. Ils devaient emprunter le bac, qui de temps immémorial, joignait les deux rives de la Marne. Au sujet de ce bac, nous avons retrouvé des documents qui remontent au xve siècle, et nous avons pu en noter tous les passeurs « fermiers des moines, du prince ou du duc ». Le droit de pêche leur était généralement affermé aussi depuis Champignol jusqu'à la pointe de l'île de Brétigny (1).

En 1715, eut lieu le mariage de Messire Henri de Garches, seigneur de Villiers, avec dame Jeanne-Athanasie de Bargas, veuve du sieur Antoine du Breuil, capitaine dans la cornette blanche.

En 1777, nous notons deux grands mariages : Messire Jean Quesnay de Beauvoir, chevalier, ancien gendarme de la garde ordinaire du roi avec damoiselle Françoise de Faulconnier de Nanteuil, et Messire Robert-François-Joseph Quesnay de Saint-Germain, chevalier, conseiller du roi en son Conseil des aides avec damoiselle Marie de Faulconnier de Montomart.

Citons en terminant, du 5 février 1788, le mariage de Messire Antoine-Guy-Henri Billard de Laurière, écuyer de main de Mme la Comtesse d'Artois et damoiselle Claude-Geneviève de Broc, petite-fille de Angot, ancien notaire du Châtelet de Paris qui habitait la ferme de Champignol.

---

(1) En face de l'avenue Albert Ier où se trouvait l'ancien moulin de Brétigny, incendié au xvie siècle et transporté alors à l'emplacement du *Moulin Bateau*.

On a tout d'abord inhumé dans les églises et dans les cimetières attenants ; mais les inconvénients des inhumations dans le saint lieu s'étaient rapidement fait sentir à tel point qu'au XVIIIe siècle, par mesure d'hygiène, on inhumait surtout dans les cimetières. Plus tard même on devait réléguer les morts loin des vivants pour lesquels ils devenaient un danger de contamination.

Inhumations.

Voici quelques inhumations qu'il peut être utile de citer.

Le 25 mars 1724, inhumé dans le cimetière le corps de Jacques du Tiller, procureur fiscal de la seigneurie de *Chenevières-sur-Marne*.

« Le 9 mars 1725, le corps de Messire Louis-Thomas Daquin, conseiller aumonier du roi, abbé de Saint-Laurent les Coires et ancien chanoine doyen de l'église royale collégiale et paroissiale de Saint-Thomas du Louvre à Paris, âgé de soixante-dix-neuf ans, décédé en ce lieu, a été inhumé dans cette église par nous prêtre curé dudit lieu en présence de Messire Louis-Paul Aubert, docteur en théologie, chanoine et doyen de ladite église Saint-Thomas du Louvre et de Messire Pierre Daquin, bourgeois de Paris, neveu du défunt ».

Comme à Saint-Maur le petit cimetière du village recevait un fort contingent de noyés, inhumés « avec permission de justice » après enquête sur les causes du décès. Nous avons trouvé quelques inhumations dans la chapelle Saint-Nicolas de Champignol, dépendant de la paroisse.

L'abbé Pluche a été inhumé dans le petit cimetière de Saint-Hilaire. Ce prêtre savant, qui eut des démêlés retentissants avec son évêque, était né à Reims le 13 septembre 1688. Devenu directeur du collège de Laon, il se démit de sa charge plutôt que d'adhérer à la bulle *Unigenitus*. Il vint alors vivre à Paris, où il jouissait de la considération due à son talent et à son caractère ; mais devenu sourd, il quitta la ville, en 1749, pour se retirer à La Varenne-Saint-Maur où il partagea sa vie entre la prière et l'étude. C'est dans cette solitude qu'il écrivit divers ouvrages de science et traduisit des psaumes du texte hébreu. Il vivait avec sa sœur, dans la famille d'un neveu, Jean-Baptiste Pluche.

L'abbé Pluche.

Nous trouvons sa large et belle signature au registre des baptêmes, le 23 décembre 1752 ; nous le voyons assister à la mort de Marie Pluche, sa sœur, âgée de soixante-huit ans, le 26 mars 1753. Il succomba frappé d'apoplexie, le 17 novembre 1761 et fut inhumé le 20, dans le cimetière de la paroisse. Il possédait quelques propriétés dans la plaine de La Varenne, car nous avons trouvé qu'il avait constitué une rente de 20 sols au profit de la paroisse Saint-Nicolas sur une terre proche l'ancienne église Saint-Hilaire, par acte passé devant Pierre Turpin, tabellion de Saint-Maur, le 17 août 1752. Cet homme qui a brillé d'un vif éclat au xviii° siècle a honoré la petite paroisse qu'il avait choisie comme retraite agréable et calme pour ses vieux jours. Sa tombe a disparu comme toutes celles de cette paroisse et la génération actuelle ignore celui qui fut un savant, un esprit indépendant, un caractère droit et ferme. Rendons-lui du moins hommage en passant.

Les habitants de La Varenne ont longtemps souffert des ravages du gibier de Monseigneur ou des dommages de ses équipages de chasse.

Les chasses de Monseigneur. Il se faisait dans la plaine de grandes chasses à courre. Les cerfs, biches ou chevreuils, étaient poussés dehors par la *porte Guimier* (1) du Parc ou Porte Blanche et pourchassés à travers les routes de chasse ou les champs de blé par les nobles invités du baron de Saint-Maur.

La chasse terminée, les cors sonnant, tout le brillant cortège de seigneurs ou de belles dames s'en retournait au château par l'avenue centrale du Parc. Les veneurs s'arrêtaient au rond-point de l'Écho, devant la grande grille et le saut de loup, face au château dont les murs renvoyaient, en une deuxième fanfare, les notes sonores des airs de chasse.

Monseigneur avait un petit rendez-vous de chasse dans le Parc qui n'a disparu que de nos jours. (Rue de Curti).

En 1816, le duc de Bourbon entretenait encore à Saint-Maur, vingt-cinq chiens et quand il y venait chasser, cent rabatteurs poussaient vers lui des troupeaux de lièvres ou de lapins, tandis que douze gardes chargeaient ses fusils.

---

(1) Porte Blanche depuis la Révolution à cause des travaux à la chaux exécutés à cette époque.

On conçoit le dommage que devait faire une pareille troupe de monde, de chevaux et de chiens. La plaine était remplie de gibier, surtout de lapins, à tel point que les pauvres habitants avaient coutume de dire qu'ils semaient du blé et voyaient pousser des lapins.

La Révolution mit un terme à ces plaisirs et à ces dévastations regrettables, qui recommencèrent à la Restauration. Néanmoins plus tard, le prince s'amusait plutôt d'autre sorte. Il lâchait ses daims vers la Queue-en-Brie, les poursuivait et venait achever les pauvres bêtes traquées au bord de la Marne où elles se trouvaient rabattues.

Les droits de chasse et de colombier étaient bien les plus impopulaires, les plus vexatoires des vestiges de l'époque féodale. Les habitants de La Varenne et de Saint-Maur n'eurent presque pas d'autres plaintes à formuler dans leur *Cahier de doléances*, tant celle-ci leur paraissait importante.

Au xviiie siècle la paroisse Saint-Hilaire était très pauvre, le curé n'avait que la portion congrue qui était alors de 3oo livres, mais fut portée à 5oo, conformément à l'édit de mai 1768 ; le casuel était **La Révolution.** insignifiant, car on comptait à peine par an, deux inhumations et autant de baptêmes et de mariages, c'est dire le peu d'importance de cette paroisse et son faible revenu. Quelques pièces de terre avaient été données à la fabrique, notamment dans l'île *Fanasse* (Fanac) à Joinville, mais ces terres furent vendues comme biens nationaux, le 23 ventôse an III. C'est à la requête du curé Duval que d'autres terres avaient été concédées par le prince de Condé sous la réserve du droit de propriété et « en considérations de la modicité de la cure de La Varenne et du bon témoignage rendu du nommé Duval, curé ». Cette demande était ainsi motivée :

« Le 20 novembre 1777, Jean-Baptiste Duval, curé de la paroisse de Saint-Hilaire, sollicite du prince de Condé la jouissance de sept arpents de terre labourable, dont ses prédécesseurs ont joui de temps immémorial et ce, pour l'aider à subsister, n'ayant pour tout revenu que la portion congrue qui a été remise de 3oo livres à 5oo conformément à l'édit de mai 1768, observant que cette cure n'est susceptible d'aucun casuel, attendu le peu d'habitants dont la paroisse de

La Varenne est composée, et qu'il n'existe aucune fondation dans l'église ».

Pendant la période révolutionnaire, le curé Duval prêta le serment constitutionnel, mais on ne trouve pas que, comme celui de Saint-Maur, il se soit mêlé à la vie municipale. Privé de ses biens, de son traitement, il ne pouvait plus subsister, aussi fit-il quelque résistance aux perceptions de l'impôt.

La Varenne s'était constituée en commune, et les municipalités qui restèrent en fonctions durant les années 1790 et 1791 (1) ne purent jamais décider le curé à payer le don patriotique auquel il avait été taxé d'office. Le maire et les officiers municipaux n'étaient pas reçus quand ils se présentaient chez lui ; il se contentait de passer la tête par dessus le mur du jardin pour les éconduire. Dans le rapport où ils se plaignaient de son mauvais vouloir, nous trouvons ce reproche, sans doute exagéré par les passions du temps : « Mais la conduite du sieur curé a toujours été la même et les trois-quarts de ses paroissiens se privent de faire leurs Pâques, à défaut de confiance auprès de lui, lui voyant l'âme aussi noire que l'habit qu'il porte ».

La pauvreté, dans laquelle l'avait laissé le régime nouveau pouvait bien légitimer sa mauvaise humeur. L'église elle-même était dépourvue d'ornements et de mobilier convenables. Lors de la deuxième élection de la municipalité de La Varenne, le 3 novembre 1791, élection qui eut lieu dans l'église, le procès-verbal dut-être rédigé « sur les fonts de ladite paroisse, ne se trouvant pas dans l'église ni banc d'œuvre, ni autre emplacement plus commode ».

La paroisse était si peu importante que le marguillier cumulait toutes les fonctions ; il était nommé, dit un procès-verbal « pour régir le temporel de l'église, pour la nettoyer et faire sonner l'office pendant l'année ».

Mais la mauvaise volonté du curé envers les autorités municipales de Saint-Hilaire, nous paraît avoir une autre cause « que la noirceur de son âme ». Le maire était en révolte contre le vœu des habitants, et les autorités de Saint-Maur reconnues par ceux-ci. En effet, l'union avait été décidée, mais l'ambition du sieur Géant le portait à usurper les fonctions de maire.

---

(1) Maires de La Varenne : en 1790, Jean-Jacques Géant, laboureur ; en 1791, Jacques-Maurice Bouillon, aubergiste.

Voici un rapport officiel de l'époque qui explique cette situation :

« Le 3o janvier 1790, la paroisse de La Varenne-Saint-Hilaire trop peu peuplée pour former une municipalité, s'était présentée à la commune de Saint-Maur-les-Fossés et avait proposé une réunion qui fut unanimement accueillie et constatée par un procès-verbal. L'orateur de la commune agréé fut même élu président de l'assemblée qui nomma la municipalité constitutionnelle, et les choix furent départis avec tant d'équité, que chaque paroisse, quoique peu comparable pour la population, fournit cependant un nombre presqu'égal d'officiers municipaux et de notables.

« Le 14 novembre suivant fut l'époque d'un schisme terrible, dont les avants-coureurs s'étaient manifestés dès la première séance de l'assemblée primaire du canton. Ce même orateur de la commune de Saint-Hilaire, devenu officier municipal de Saint-Maur, fut attaqué comme inéligible et ne conserva son insigne qu'en se soumettant à fournir, sous trois semaines les preuves de son éligibilité. Le délai se passa sans qu'il satisfît à son engagement, et le conseil général de la commune le déclara déchu de son office. Que fit-il ? Il rassembla quelques citoyens de Saint-Hilaire, et, leur persuadant de renoncer à l'union, il se fit donner la mairie et des collègues municipaux. Ce n'est pas tout ; il entreprit de s'opposer aux opérations relatives à la contribution foncière et d'empêcher la municipalité de Saint Maur de s'en occuper davantage. Les choses furent poussées au point que sans la vigilance et la constante fermeté du directoire, plus d'une fois les deux partis en seraient venus aux mains. Enfin les uns et les autres furent mandés et après une discussion bruyante et vive, il fut reconnu que la majeure partie des habitants de Saint-Hilaire étaient restés fidèles à la réunion arrêtée le 3o janvier 1790, et la commune de Saint-Maur représentée par plus de cinquante députés, promit d'attendre paisiblement la décision du département sur cette affaire, et de se livrer sans discontinuation aux divers travaux ordonnés pour l'établissement des contributions nouvelles » (1).

En même temps que l'union des deux communes s'accom-

---

(1) Arch. nat., AD¹⁶ 67, pièce 138.
Rapport présenté au conseil du district de Bourg-la-Reine par J.-J. Filassier procureur-syndic en la session du mois de mai 1791.

plissait, celle des deux paroisses se préparait dans les esprits, à cause du peu de ressources des paroissiens; cependant la paroisse subsista jusqu'à la mort du curé Duval. Nous avons trouvé, en effet, que des publications de mariage y furent faites les 10, 15 et 21 avril 1793, en pleine période révolutionnaire.

Le registre des comptes des marguilliers de La Varenne porte cette mention : « commençant le 29 juillet 1725, finissant le 7 nivôse an II » (27 décembre 1793). Or le curé mourut le 4 novembre 1793 ; c'est donc à sa mort que s'éteint la vie paroissiale de La Varenne. Après ce temps-là, l'officier municipal de Saint-Maur, spécialement chargé de la section de La Varenne Saint-Hilaire, ne rédige plus ses actes d'état-civil « sur les fons baptismaux », mais il spécifie « fait en ma maison de La Varenne ».

Après le schisme dont nous venons de narrer les incidents, et sans doute pour donner satisfaction aux habitants de La Varenne, éloignés du Bourg de Saint-Maur, où se trouvait la mairie, près de l'église, il fut décidé qu'un officier municipal, habitant le village, ferait fonction d'officier d'état civil ; c'est ce qui ressort de la lecture d'un registre qui ne contient que l'acte de décès du curé et que voici avec ledit acte et l'annotation de clôture, dans sa forme et orthographe :

« Registre double pour constater, aux termes de la loi du 20 septembre 1792, les décès qui surviendront pendant le cours de la présente année 1793, dans la paroisse de La Varenne Saint-Maur, municipalité de Saint-Maur, district du Bourg de l'Égalité, département de Paris; ledit registre contenant vingt feuillets cotés par premier et dernier et paraphé par moi Esprit-Le Broc, président de l'administration dudit district, ce dix-huit mai 1793 l'an deux de la République.

« Aujourd'hui, quatrième jour du mois novembre, mil sept cent quatre vingt-treize, l'an deuxième de la République française, à dix heures du matin, pardevant moi, Jacques Maurice Bouillon officier publique, membre du conseil général de la commune de Saint-Maur-les-faussée Département de Paris, élu pour recevoire les actes destinées à constater la naissance, les mariages et le décès des citoyens sont comparus en ma maison, jeant jiacque Géant, Laboureur, âgé de cinquante-deux ans, domicilié dans ladite Municipalité de Saint-Maur-les-fossée et Claude Martin Claudin bergée, âgé de cinquante ans demeurant également dans ladite municipalité demeurant tout deux

ANTOINE PLUCHE, Prêtre,
Né à Reims le 13 7bre 1688, mort à la Varenne S.t Maur le 19 9bre 1761.

Du spectacle de la Nature,
Il décrit les beautés, il montre la grandeur;
Et partout dans la créature,
Philosophe chrétien il voit le Créateur.

Peint par Didier
Gravé par Collection

à la Varenne Saint-Maur les fossée lesquels jeant jiacque Géant
et Claude Martin Claudin m'ont déclaré que ledit Jean Baptiste
Duval, qurée de la Varenne, et mort à neuf heures du matin,
en sont domicile à la Varenne Saint-Maur. D'après cette
déclaration, je me suis sur le champ transportée au lieu de
ce domicile ; je me suis assuré du décès dudit Jean Baptiste
Duval, âgé de soixante ans, natiffe de la commune de hocquignie,
département de la Manche ; le nom de son père est Nicolas
Duval, sa mère est Marguerite jirel et né à la commune de
hocquignie département de la Manche. Et j'en ai dressé la
présent acte ; que jean jiacque Géant et Claude Martin Claudin
ont signé avec moi, faite à l'Église de la Varenne Saint hilaire
dudit Sant Maur les jour, mois et an ci dessus.

« Bouillon, officier public membre du conseil général de
la commune de Saint-Maur.

« Le présent registre arrêté et tenu pour clos par nous
Jean Nicolas Hacar, maire de la commune de Saint-Maur
au terme de la loi du 20 septembre 1792 (V. S.) (1) fait audit
Saint-Maur le 2 fructidor an 3ᵉ de la République une et
indivisible ».

« HACAR ».

La paroisse de Saint-Hilaire finit donc à la mort du curé
Duval. Les autorités civiles ou diocésaines ne pouvaient
songer à lui donner un remplaçant eu égard à la pauvreté
et au petit nombre des habitants.

Nous ignorons la date de la désaffectation et de la démolition de l'église qui avait juste cent ans d'existence. Les
ornements et les objets du culte, ainsi que la cloche allèrent
à Saint-Nicolas.

Le 9 prairial an III (1795), l'église et le cimetière étaient
loués au citoyen Priouzet. Le 15 thermidor de la même
année, a lieu la location « de la maison et jardin presbytéral
de La Varenne Saint-Hilaire » au profit du citoyen Joret,
cultivateur, pour le prix de 610 livres. C'était donc une propriété importante : elle l'était surtout par les terres de culture qui
en dépendaient.

Voici quelques considérations qui nous permettront d'en
fixer l'emplacement.

---

(1) Vieux style.

Cette église figure au plan de 1701, que nous avons donné dans notre *Histoire de Saint-Maur-des-Fossés*. Des mesures, à l'échelle et au pas, très précises, nous ont conduit à l'emplacement de l'orangerie du château, agrémentée d'un campanile supportant une statue moderne de Saint-Hilaire. Cette orangerie est un reste de l'église. A l'est, elle a deux dépendances qui ont pu constituer un débarras et une sacristie avec une cave ou crypte voûtée en berceau. Le presbytère était dans la même propriété.

Le cimetière se trouvait autour de l'église. Or, précisément, à gauche de l'emplacement supposé, dans les ifs, on a exhumé sous M. Caffin, propriétaire, des crânes et autres ossements humains.

Il y a, dans cette propriété, deux belles têtes d'anges ailées, en marbre, une cheminée en marbre blanc avec pattes de lion héraldique, des bancs de jardin faits de grandes dalles de marbre qui m'ont paru être des vestiges de l'autel ou des marches du sanctuaire.

Ajoutons que dans le jardin du presbytère actuel, on voit des statues de pleureuses, finement sculptées, qui semblent provenir de quelque sépulture de l'ancien cimetière.

Ainsi finit cette paroisse de Saint-Hilaire très ancienne, qui devait être rétablie plus tard par suite de l'augmentation de la population.

A partir de 1793, il n'y a donc plus à Saint-Maur qu'une seule paroisse, celle de Saint-Nicolas, dont nous allons continuer l'historique.

Chapitre III

Paroisse Saint-Nicolas

(DE LA RÉVOLUTION A NOS JOURS)

La Révolution laissa la paroisse de Saint-Maur ruinée, la fabrique dépouillée de ses biens et de ses rentes ; puis vinrent les invasions étrangères de 1814 et 1815, qui devaient encore mettre à une rude épreuve le malheureux village.

Le Concordat.

Après les troubles apportés à l'exercice du culte sous la période révolutionnaire, l'Église retrouva le calme et la tolérance avec Bonaparte. Celui-ci voulut donner un statut à l'Église de France et il signa le *Concordat* avec le nonce du pape, le 15 juillet 1801. Suivant l'esprit de ce traité, l'archevêque de Paris, Jean-Baptiste de Belloi, divisa l'évêché en huit cures (1), dont le siège était au chef-lieu de canton. « Il ne nous reste plus, disait-il, à donner à ce plan, solennellement agréé par le héros qui nous a rendu avec la paix temporelle, la paix plus précieuse encore des cœurs et des consciences, les formes canoniques exigées par l'Église ». Dans cette division Saint-Maur et le Pont-de-Saint-Maur étaient deux églises succursales de l'église paroissiale de Charenton.

---

(1) Arch. nat., F¹⁹ 471. Dans l'arrondissement de Sceaux on comptait quatre cures : Sceaux, Villejuif, Charenton et Vincennes.

La paroisse de Saint-Maur mit longtemps à réparer les désastres que nous venons d'évoquer ; aussi l'église avait-elle été fort négligée, lorsqu'on s'aperçut, en 1827, que des travaux importants étaient nécessaires à sa conservation.

Travaux (1827-1828).

Une délibération du conseil municipal, en date du mois de mai 1826, constate l'urgence de ces travaux.

« Depuis 1820, les réparations de l'église sont devenues plus urgentes ; il y a du danger de laisser plus longtemps les choses en l'état affreux où le porche latéral et celui de la façade se trouvent, au point que M. le maire compromettrait sa responsabilité s'il n'engageait le conseil à se prononcer définitivement... Il a été reconnu que les murs extérieurs avaient aussi besoin d'être réparés, et de plus, que, vu l'augmentation de la population, l'église était trop petite ; que la population s'agravait (sic) encore d'une partie de celle du territoire de Charenton-Saint-Maurice attendu qu'outre les maisons de cette commune qui sont enclavées dans le bas d'une des rues de Saint-Maur on avait bâti un grand nombre d'autres propriétés sur le même territoire, sur le canal de Marie-Thérèse (1) et qu'on en prépare d'autres à raison des usines qui se forment sur le bassin de ce canal, en sorte que la partie de cette population ne peut faire une lieue pour assister aux offices divins de la paroisse de Charenton-Saint-Maurice et qu'elle vient ajouter au nombre des fidèles qui assistent à ceux de Saint-Maur.

« Il y a danger imminent de laisser les choses en l'état où elles sont, il y a nécessité absolue et indispensable de réparer et on peut sans une grande dépense ajouter le porche à l'intérieur de l'église au moyen de l'ouverture d'une arcade pratiquée au côté latéral et d'un agrandissement de la tribune qui existe adossée à la façade ».

Ces travaux furent exécutés à la diligence du baron de Caylus qui fut maire pendant plus de vingt ans. Un premier devis établi par l'architecte des communes du département de la Seine, Châtillon, porta les travaux de restauration à la somme de 2.425 fr. 62. Mais au cours de l'exécution, le maire dépassa de beaucoup les crédits sans autorisation, au grand

---

(1) Le canal de Saint-Maur, un moment ainsi dénommé.

dam de l'architecte responsable, et un arrêté préfectoral, en date du 31 janvier 1831, approuva finalement les comptes s'élevant à la somme de 17.538 fr. 97.

Ces travaux adjugés, le 14 mai 1827, à deux entrepreneurs locaux, Pâquet et Lheureux, furent terminés en 1828. Le pavé de l'église avait été entièrement renouvelé, une nouvelle horloge fournie, l'escalier extérieur de la tribune exécuté et l'on restaura la porte d'entrée, le plafond et les moulures de dessous le porche. On déplaça les fonts baptismaux, on pava et on nivela les abords de la place et enfin l'on plaça une barrière en bois pour protéger l'entrée de l'église.

C'est à cette époque que le cloître méridional fut ajouté à l'église par l'ouverture d'une arcade et la tribune adossée à la façade agrandie. C'est bien en 1827 que le cloître a disparu ; s'il en fallait une autre preuve nous ferions remarquer que la tombe de Roch Vingdlet, inhumé en 1824, sous le porche, se trouve précisément le long du mur de la nef, à l'emplacement où a été percée l'arcade.

L'horloge fut fournie par le sieur Wagner, horloger à Paris, pour la somme de 800 francs, ramenée à 700 francs, déduction faite de l'ancienne machine que le fournisseur s'était engagé à reprendre.

En 1842, le cadran de cette horloge fut changé en un cadran neuf qui marqua l'heure « par deux aiguilles ou rouage de minuterie ». En 1844, dans sa séance du 10 août, le conseil municipal vota la somme de 540 francs, pour diverses réparations à l'horloge.

Cette machine très coûteuse, comme on peut le voir par le budget et les plaintes des conseillers municipaux du temps, a disparu en 1896, lors de la restauration du clocher. Nous y reviendrons plus loin.

L'ancien presbytère était situé à côté de l'église, dans la maison portant actuellement le n° 20 de la rue de Paris. La maison voisine, dite autrefois de la Tête de Mort, servait de logement au vicaire. Elle avait été acquise le 30 juillet 1690, en échange

Le presbytère.

avec l'abbé Lebas, d'une petite maison, cour et jardin, sise en la ruelle des Sablons, maison que le sieur Moulle, écuyer, fit abattre, pour en incorporer le terrain dans sa propriété (le petit Bourbon) et qui avait été donnée à la fabrique de Saint-Maur par Messire Jean Massé, prêtre vicaire de Saint-Hilaire-en-La-Varenne, par acte du 22 juin 1557.

Il en fut ainsi du logement du curé et du vicaire, jusqu'à la période révolutionnaire, mais à la vente des biens nationaux ces deux maisons devinrent propriétés privées.

Le citoyen Jean-Charles Hanot, de Choisy-le-Roi, acquit le presbytère le 16 floréal an IV. L'acte de vente spécifie qu'il était en mauvais état. Il passa successivement aux mains de Guay, horloger, 21, faubourg Saint-Antoine, par acte du 9 thermidor an IV, qui le revendit à Antoine-Modeste Boisseau, papetier, rue Saint-Honoré, 99, le 15 nivose an V. Celui-ci le céda à Jean-Jacques Delcamp, chaudronnier à Paris, rue Salle-au-Comte, 7, le 14 nivôse an XIII. Puis au partage de ses biens il échut à Jean-Baptiste Delcamp, jeune, le 7 juillet 1821.

En 1822, le conseil municipal prend à bail, pour neuf ans, cette maison pour en faire de nouveau le logement du curé, à raison de 400 francs par an.

Il prit également à bail pour 250 francs une autre maison appartenant à Delcamp, aîné, pour y loger les services de la mairie et en faire l'école. C'est celle qui est à gauche de l'entrée de l'église (1).

Le presbytère passa ensuite aux mains du curé Notellet, par acte de vente en date du 16 juin 1843. Il est ainsi décrit : « Maison dite le presbytère, rue de Paris, n° 1.., plus une cour où se trouve un cellier adossé à l'église, un petit jardin avec puits mitoyen, avec la propriété du fond, appartenant au vendeur... tenant à l'église de Saint-Maur dans le mur de laquelle se trouve pratiquée une porte donnant dans la maison présentement vendue ».

L'abbé Jean-Pierre Notellet le céda à la commune pour le prix de 9.000 francs, par acte passé devant Mᵉ Chaufton, notaire à Charenton, le 16 juin 1851. L'état versa à la commune un secours de 8.000 francs pour cette acquisition.

La sacristie qui débordait sur la voie publique, derrière la chapelle de Notre-Dame-des-Miracles fut démolie par la municipalité en 1848, pendant les travaux de l'abaissement

---

(1) Première mairie, maison Lagneau (1790); deuxième, maison Delcamp (1822); troisième, mairie-école sur l'emplacement du cimetière (1839); quatrième, maison du Coq ou de la Charité, 1, avenue de Condé (1860); cinquième, mairie actuelle (1876).

de la montagne et de l'élargissement de la route n° 63, rue de Paris et rue du Four. Elle avait été reconstruite en août 1777. L'abbé Mugnier, dans une lettre datée du 15 février 1850, se plaint du manque de local séparé pour servir de sacristie. « Dans le pays tout le monde gémit de ces longueurs et de voir l'église ainsi profanée en servant de parloir, de vestiaire, de magasin ». Il disait en même temps que, n'ayant aucune communication de sa maison à l'église, il était obligé de contourner l'édifice et contraint de laisser la nuit les vases sacrés à la merci des voleurs. Enfin lorsqu'on eut acheté la maison Notellet on eut l'idée de bâtir la sacristie actuelle sur l'emplacement du jardin et de percer la porte de communication donnant accès dans l'église. Les travaux furent adjugés à Renard et Malice, entrepreneurs, le 14 mai 1851 pour la somme de 3.042 fr. 14.

Depuis la loi de séparation, le presbytère communal est loué à la fabrique, mais le curé habite la maison sise rue du Four, n° 2.

La topographie des abords de l'église a été considérablement modifiée au cours des travaux d'abaissement des pentes de la route départementale n° 63, venant de Joinville et contournant l'église pour descendre la rue du Four. En 1848, pour occuper les ouvriers sans travail, la municipalité décida d'abaisser de 0 m. 80 à 1 mètre le sommet de la montagne.

Travaux (1848).

Des indemnités furent accordées aux propriétaires lésés par cette opération de voirie. C'est durant ces travaux que fut abattue l'ancienne sacristie, comme nous venons de le dire, ainsi que la barrière en bois qui protégeait l'entrée de l'église contre les dégradations faites par les enfants, et le dépôt d'immondices assez fréquent, malgré le respect dû au saint lieu.

Pour remplacer cette barrière, le conseil municipal, décida dans sa séance du 13 mai 1852 que « vu le devis estimatif de M. Naissant, architecte de l'arrondissement, en date du 30 avril 1852, montant à la somme de 735 francs pour l'établissement d'une grille en fer au devant du portail de l'église », il était d'avis d'accepter les propositions du sieur Hacar, maître-serrurier du lieu, qui offrait de céder à la commune une grille confectionnée pesant 1.305 kilos environ au prix de 700 francs. C'est celle qui existe encore en partie, l'autre portion qui en était le prolongement, protégeait la façade de la mairie voisine de l'église. L'opération de voirie dont nous parlons nécessita la construction d'un petit escalier d'accès à la mairie, ainsi d'ailleurs qu'à toutes les maisons environnantes, comme on peut encore s'en rendre compte et mit ainsi l'église au niveau du sol environnant.

Nous avons retrouvé le procès-verbal de l'installation de l'abbé Mugnier, curé de Saint-Maur. Nous pensons qu'on ne le lira pas sans intérêt.

L'abbé Mugnier
1849.

« L'an mil huit-cent quarante neuf, le jeudi 22 mars, nous, Jean Gaspard de Guerry, curé de la Madeleine de Paris, avons, en vertu de la délégation qui nous a été donnée par Monseigneur l'archevéque de Paris, installé suivant les formes canoniques en qualité de curé à l'église paroissiale de Saint-Maur, canton de Charenton, arrondissement de Sceaux, M. l'abbé Augustin Mugnier, précédemment vicaire à Saint-Eustache de Paris, nommé à ladite cure de Saint-Maur par Monseigneur l'archevéque de Paris.

« L'installation a eu lieu en présence de M. le maire de la paroisse et de M. l'adjoint ; de MM. les conseillers municipaux délégués remplissant les fonctions de maire de la commune de Joinville et de MM. les membres du conseil de fabrique de la paroisse.

« Fait au presbytère de Saint-Maur,

« Signé : DEGUERRY ».

Si nous voyons assister à la cérémonie les représentants de la municipalité de Joinville-le-Pont, c'est que l'église de 1803 à 1861 et le cimetière, furent communs aux deux agglomérations. Nos voisins qui avaient dû en 1803 démolir l'antique chapelle Saint-Léonard où s'étaient tout d'abord célébrés le culte et les fêtes révolutionnaires, ne purent élever l'église actuelle qu'en 1859-1861.

Cloche de la Chapelle Saint-Nicolas de Champignol (1672)
(V. p. 115

L'école des filles et la salle d'asile étaient tenues par les Filles de la Croix dites : « Sœurs de Saint-André » dont le siège était à La Faye (Vienne). Cette école étant deve-

Congrégations religieuses.

nue insuffisante, le conseil municipal acquit au prix de 16.000 francs la propriété Boizot, rue Mahieu, n° 3, où est installée maintenant l'usine de plaques photographiques, marque « As de trèfle ». L'acte d'achat fut reçu par Mᵉ Chaufton, notaire à Charenton, le 15 mai 1846. Les travaux d'appropriation, adjugés le 15 juillet suivant, coûtèrent 12.000 francs et la rentrée eu lieu en 1847.

Ces religieuses tenaient également un pensionnat au n° 15 de la même rue. Elles obtinrent, en 1877, l'autorisation d'acheter cet immeuble pour le prix de 60.000 francs.

Il existait encore à Saint-Maur un autre pensionnat religieux situé 16, rue Saint-Honoré (devenue la rue Maurice-Berteaux), dirigé par les religieuses du Très-Saint-Sacrement dont la congrégation hospitalière et enseignante avait été fondée, à Romans, en 1715. Ces religieuses avaient acquis l'immeuble, en 1864, des demoiselles Voissier, institutrices, pour y donner l'enseignement primaire, acquisition approuvée par décret du 13 mai 1868.

Une troisième congrégation religieuse, les sœurs de la Sainte-Famille, dont le siège était à Villefranche (Aveyron), ouvrit une école, 3, avenue Chanzy, à La Varenne.

Ces trois congrégations demandèrent l'autorisation prévue par la loi du 1ᵉʳ juillet 1901 ; elle fut refusée à la première par décision ministérielle du 20 mai 1904, à la deuxième par décision du 10 juillet 1903, et à la troisième par décision du 8 décembre de la même année. Seules les sœurs de Saint-André continuent à donner l'enseignement à Saint-Maur après s'être sécularisées.

Il existe encore un établissement congréganiste dans la commune, c'est la maison de retraite de l'impasse de l'Abbaye, n° 2, tenue par des religieuses de l'ordre de Saint-François dit des Récollets, dont la maison mère se trouve à Doré-la-Fontaine (Maine-et-Loire). Elles continuent à se consacrer au soulagement des pauvres vieillards et des pensionnaires payants malgré l'opposition unanime du conseil municipal dont le vœu défavorable eut alors les honneurs de la presse parisienne ; les considérants en furent publiés par *Le Petit Bleu* et *La Lanterne* du 9 janvier 1902. Nous en extrayons celui-ci qui visait surtout la congrégation de la Sainte-Famille : « Considérant que l'enseignement religieux va à l'encontre des données de la raison, qu'il est la négation de l'esprit moderne et prépare non des hommes ou des femmes libres mais des sujets prêts à toutes les servitudes » (1).

Ajoutons que déjà les processions religieuses avaient été supprimées à Saint-Maur par arrêté du maire, M. le docteur Piettre, en date du 25 juin 1881, ainsi conçu :

« Le maire de la commune de Saint-Maur-des-Fossés, vu le vœu exprimé par le conseil municipal le 15 juin courant,

« Considérant que les processions constituent une entrave à la circulation, qui de jour en jour prend plus d'importance, et une atteinte à la liberté de conscience ;

« Arrête. — A l'avenir les processions religieuses seront interdites sur la voie publique ».

Le bombardement de Saint-Maur en 1870, avait épargné l'église exposée cependant aux coups ennemis qui répondaient au feu d'une batterie de grosses pièces installée sur la place de la Pelouse. Un des meneaux de la tour fut enlevé, sans grand dommage pour l'édifice. Sous l'inspiration du curé, l'abbé Collomb, un ex-voto fut dédié à la Vierge miraculeuse sur lequel on peut lire :

Réparations
(1875.)

« Souvenir de reconnaissance perpétuelle des fidèles de la paroisse Saint-Maur, le pasteur à la tête, envers Notre-Dame-des-Miracles, pour la protection et la préservation vraiment merveilleuse de tout accident fâcheux pendant les deux guerres 1870 et 1871 ».

Le curé, la municipalité et les habitants avaient quitté Saint-Maur qui subit un bombardement de vingt jours. « Un obus, dit un document de cette époque, entré dans la tour (clocher) sans éclater servira de souvenir et de mémorial pour les générations à venir ».

Depuis 1827 on n'avait fait à l'église que des travaux d'entretien et pas la moindre réparation depuis 1866, lorsque le curé, l'abbé Collomb, signala les travaux urgents et indispensables à la

(1) Arch. de Saint-Maur, D 32.

conservation de l'édifice. Le 11 janvier 1873, il écrivait au préfet cette lettre pressante :

« Monsieur le Préfet,

« Pour mettre à couvert ma responsabilité, je crois devoir vous faire connaître l'état de dégradation dans lequel se trouve notre pauvre et misérable église de Saint-Maur.

« Vraiment pour une commune de 6.000 âmes c'est honteux à voir !...

« Cette église a besoin d'une grosse réparation qui appartient aux dépenses obligatoires de la commune...

« 1° Refaire la toiture presque entièrement, il pleut dans l'église en plusieurs endroits ;

« 2° Rétablir les gouttières qui n'existent plus ;

« 3° Cimenter le mur extérieur pour empêcher l'infiltration des eaux dans l'église ;

« 4° Réparer le portail qui tombe en ruines, les chapitaux sont tombés ;

« 5° Relever un certain nombre de dalles qui, dans les pluies forment des flaques d'eau dans lesquelles on met le pied ;

« 6° Refaire à la tour un meneau emporté par un obus prussien ;

« 7° Les charpentes qui soutiennent la cloche menacent ;

« 8° A la petite tourelle remettre une couronne de pierres et couvrir en tuiles ladite tourelle (dégâts survenus par le dernier ouragan).

« Voilà, Monsieur le Préfet, sans exagération aucune, les divers travaux nécessaires et urgents, car je vous avoue qu'il y a de mes paroissiens qui craignent d'aller à l'église dans la crainte qu'il leur tombe des tuiles sur la tête.

« Je suis avec considération,

« Votre dévoué serviteur
« P. Collomb, *curé de Saint-Maur* ».

A la suite des plaintes du curé, le maire fit dresser le devis des travaux s'élevant à 16.222 fr. 79. Il déclarait que des réparations immédiates étaient nécessaires notamment à l'escalier du clocher dont une partie de la toiture avait été emportée par l'ouragan de décembre dernier. Enfin, le 23 mars 1875, le conseil municipal votait la somme de 15.785 fr. 78 pour effectuer ces réparations et obtenait du Ministère de l'Instruction publique une subvention de 5.000 francs et une autre de 4.000 francs sur les fonds de réserve de l'octroi de banlieue, sommes venant en déduction. Un arrêté préfectoral, en date du 30 octobre 1876, liquida à 14.172 fr. 11 les dépenses des restaurations à l'église, faites en 1874 et 1875.

Comme on l'a vu ces travaux furent exécutés à la diligence du curé Collomb, qui était à Saint-Maur depuis 17 ans et qui pendant la guerre avait contribué à la fondation d'une ambulance (1) et réussi, par sa présence et sa fermeté, à conserver l'église et le presbytère intacts. A ce moment il avait soixante ans.

C'est à lui qu'on doit l'orgue reçu le 11 juillet 1858, qu'un procès-verbal de réception note comme « un des plus beaux et des plus complets de la banlieue ».

Un autre procès-verbal nous apprend que le dimanche 15 janvier 1860, M. le curé Collomb, ayant pu obtenir quelques reliques de saint Maur, par l'abbé de Solesmes, dom Guéranger ; de saint Vincent-de-Paul, par le R. P. Etienne, supérieur général des Lazaristes ; de saint Denis, par l'archevêché ; de saint François de Sales, et de saint Nicolas, par le curé de Saint-Séverin, en fit la translation solennelle qui fut présidée par M. le curé de Saint-Séverin, l'un des donateurs. Ces reliques furent placées dans une châsse de forme gothique en bronze doré.

En juin 1867, prirent fin les travaux pour le déplacement du maître-autel qui fut avancé dans le sanctuaire, où l'on plaça également le chœur de chant avec orgue portatif.

---

(1) 16, rue Saint-Honoré, aujourd'hui Maurice-Berteaux, puis au Parangon.

Église Saint-Hilaire de La Varenne

(Voy. p. 155)

L'église Saint-Nicolas avait tout d'abord présenté un intérêt suffisant pour la faire classer sur la liste des monuments historiques ; mais elle perdit le meilleur de ses titres à ce privilège à la suite d'une restauration maladroite du vieux clocher roman, en 1874, par l'architecte Pliot. Elle en fut rayée par arrêté du Ministre de l'Instruction publique et des Beaux-Arts, en date du 28 octobre 1886, signé Goblet. F. de Guillermy qui l'avait visitée n'avait-il pas, en effet, signalé des actes de stupide vandalisme ? On avait poussé l'inconvenance jusqu'à prendre des dalles de l'ancien cimetière pour en paver l'église.

Restauration du clocher.

Mais la restauration la plus importante et la moins heureuse est la restauration d'une partie du clocher par l'architecte Albrizio, le même qui éleva les églises de Saint-Mandé et du Parc. Il en simplifia le plan et fit disparaître des parties annexes qui lui donnaient un caractère particulier. C'est au cours de cette restauration que l'architecte découvrit et dégagea l'élégant triforium ajouré qui règne sur le côté méridional du chœur, au-dessous de deux baies ogivales.

Ce triforium qui aujourd'hui sert de débarras devait être ce que les anciennes délibérations de la fabrique appellent la tribune. Il semble que l'architecte ait coupé une partie des deux baies ogivales dans laquelle il a placé les trois lobes du triforium. Il y a une concordance de lignes qui confirme cette opinion.

Déjà, en 1785, Monseigneur de Juigné, archevêque de Paris, au cours d'une visite pastorale, rendait une ordonnance prescrivant la réparation d'urgence du clocher et du chœur, mais aucune réparation importante n'avait été faite.

Ces réparations étaient devenues de la plus extrême urgence. Un rapport de M. Frédéric Marin, architecte communal, daté du 22 août 1885, notait, en particulier, que l'un des quatre piliers du clocher, celui du sud-est menaçait ruine. « Ce pilier est poussé dans le vide par l'arc doubleau et par les arcs ogives du bas côté et il présente un déversement considérable visible surtout de l'intérieur de l'église. Les arcs et les voûtes sont rompus et déformés, les murs latéraux ont perdu leur aplomb, des lézardes récentes et prononcées se sont produites. La charpente du beffroi a besoin d'être consolidée, plusieurs pièces ont été brisées par les obus et d'autres sont pourries ; il en résulte un défaut de rigidité qui ébranle la maçonnerie quand la cloche est sonnée à toute volée ». Le rapporteur concluait à la reprise en sous-œuvre du clocher de l'église. Le danger était devenu si menaçant en 1886 qu'il fallut l'étayer.

Mais la commune n'avait pas de fonds à affecter à ces travaux, et la fabrique, qui employait de fortes sommes à l'érection de la chapelle du Parc, ne votait que des subsides insuffisants. Elle se résigna à faire l'effort nécessaire, et le 18 novembre 1889, un arrêté préfectoral approuva le piojet de réparations montant à la somme de 23.256 fr. 04.

On doit remarquer que ces travaux furent entrepris à la diligence du conseil municipal à la suite des injonctions du Préfet de la Seine menaçant d'interdire l'édifice si la restauration n'en était pas exécutée.

Ces travaux furent confiés à M. Alexandre Pâquet, descendant d'une vieille famille d'entrepreneurs de maçonnerie qui a exécuté presque tous les grands travaux communaux de Saint-Maur. Les piliers extérieurs du clocher furent repris en sous-œuvre, les murs jusqu'au deuxième étage renouvelés et la partie supérieure, qui put être conservée, reçut quelques retouches par incrustement. Cette partie qui menaçait de choir est encore en surplomb de 0 m. 29 sur la face est. Le sommet détruit à une époque indéterminée avait laissé les maçonneries en état d'attente et de délabrement ; ce qui avait déjà nécessité la réfection du comble et de la charpente du beffroi, quelques années auparavant. Le style des corbeaux, des chapiteaux fut respecté, quelques-uns de ces ornements ne furent même pas touchés. On s'était proposé tout d'abord de ménager sur le toit deux lucarnes opposées pour y loger l'horloge, mais on les supprima devant le mauvais effet qu'elles produisaient et le toit à deux déversements fut transformé en toit à quatre égouts comme on le voit actuellement. Ces travaux durèrent plusieurs années et ne furent terminée qu'en 1896.

Par une pétition qui recueillit beaucoup de signatures, les habitants du vieux Saint-Maur protestèrent contre l'enlèvement de l'horloge et du coq que de temps immémorial ils avaient coutume de voir sur le clocher. Les travaux sont terminés, disent-ils, le 9 février 1896, et l'horloge est toujours absente parce que la fabrique a jugé qu'elle lui occasionnait trop d'ennuis. Le coq avait été remis au curé de la paroisse, l'abbé Beuscher, et l'horloge, déposée dans les combles de l'école de Marinville, fut plus tard démolie. Le treuil de cette machine a été employé à construire un appareil hydro-électrique qui fonctionne au théâtre. Les deux cadrans de cette horloge avaient chacun deux mètres environ de diamètre. Nous les avons retrouvés dans une propriété privée où l'un d'eux a longtemps servi de cible, et les avons signalés à la municipalité qui, sans doute, se hâtera de les faire figurer au musée municipal, en voie de formation. Ces cadrans sont sans valeur, dira-t-on, mais ils nous sont chers pour avoir marqué les heures brèves et le terme de la vie de tant de nos concitoyens.

Pendant la plus grande partie du siècle dernier, l'unique église de Saint-Maur avait suffi aux besoins spirituels des paroissiens, malgré l'éloignement dont pouvaient, à bon droit, se plaindre ceux de La Varenne. Mais le pays prit un grand développement vers 1850, par l'ouverture des lotissements. Les nouveaux habitants se plaignirent vivement et les deux grands propriétaires d'alors, Adam et Caffin, élevèrent, à leurs frais. les deux chapelles de secours d'Adamville et de La Varenne ; mais pendant quelque temps les enfants ne purent suivre les catéchismes qu'à l'église Saint-Nicolas, où jusqu'en 1905 avaient lieu également toutes les cérémonies importantes.

La prospérité de notre presqu'île s'est affirmée sous l'Empire au moment de l'ouverture du canal de Saint-Maur et de la

La ville moderne. création de quelques usines sur ses bords, notamment une usine de papier appartenant à de Montgolfier et les grands moulins Darblay. Napoléon voulut même y établir, en 1813, un camp de cavalerie, mais il y renonça à cause de la nature sablonneuse du terrain.

La culture de la betterave saccharigène y fut en honneur au commencement du siècle dernier et un sieur Poupard établit même en 1830, à La Varenne, une raffinerie de sucre « au moyen de la vapeur employée comme calorique ».

A cette époque, les terres étaient toutes en culture et il s'y trouvait des troupeaux de moutons de l'espèce récente. dite mérinos.

D'autres même y essayèrent la culture du mûrier dont on retrouve encore de nombreux représentants dans le quartier auquel ils ont donné leur nom et l'on y fit même l'élevage du ver à soie.

Ainsi jusque vers le milieu du siècle dernier, époque des lotissements, la plaine était encore cultivée. Elle devait se couvrir rapidement de jolies propriétés et devenir la belle ville, renommée pour les agréments rustiques de ses bords de Marne, où de nombreux amateurs de pêche, de canotage et d'air salubre sont venus bâtir de délicieuses villas, comme tout autant de nids tranquilles au milieu de la verdure.

Pour donner une idée de l'accroissement rapide de sa population mettons sous les yeux du lecteur la table de ses recensements :

Années	Nombre d'habitants	Années	Nombre d'habitants
1801	558	1871	7.438
1817	655	1876	8.433
1831	825	1881	10.492
1836	1.073	1886	15.802
1841	1.609	1891	17.333
1846	1.561	1896	20.503
1851	1.565	1901	23.035
1856	2.431	1906	28.238
1861	3.944	1911	33.852
1866	5.621	1921	40.183

Le village de Saint-Maur, peu éloigné de Paris, mais placé comme au fond d'un cul-de-sac, hors des grandes voies de communication, de cette importante route de la Brie qui passe par le pont de Joinville, est resté, pendant de longs siècles, dans un état stationnaire ; mais une poussée considérable de population résidente et flottante a suivi le développement des moyens de transport.

C'est à partir de l'ouverture de la ligne du chemin de fer de la Bastille, et surtout depuis l'établissement de la carte ouvrière, que les bonds de la statistique ont été plus importants.

Il fallut souvent agrandir les écoles ; il fallut déplacer la mairie, créer d'autres écoles et des cimetières. Rien n'a ralenti son essor, pas même le fâcheux inconvénient des inondations qui se renouvelaient si souvent avant le surélèvement des quais.

Rien ne subsiste de son patrimoine artistique, ni l'Abbaye, ni le Château. Seule a survécu comme un souvenir de son ancienne splendeur religieuse cette fête de Notre-Dame-des-Miracles qui se renouvelle tous les ans au mois de juillet.

L'inventaire général des œuvres d'art des édifices du département de la Seine, relève pour l'église Saint-Nicolas de nombreuses peintures ou sculptures anciennes, de grande valeur, dont certaines ont été portées sur la liste des monuments historiques, par arrêté du Ministère de l'Instruction publique et des Beaux-Arts, en date du 4 avril 1907, signé : Briand. A cette liste comprenant la *Vierge*, statue en bois du xie ou xiie siècle, l'*Inscription funéraire* de Jean Chandellon (1) et trois toiles que nous signalons plus bas, il faut ajouter la *cloche* en bronze du xviiie siècle, dont nous avons établi rigoureusement l'origine et donné l'inscription toute entière.

Inventaire des Œuvres d'Art.

Quelques-uns des tableaux qui figurent dans cette liste proviennent, sans nul doute, de la chapelle de Notre-Dame des Miracles, laissée à la paroisse, en 1750, « avec tout le mobilier ». Or, parmi ceux qui, à la fermeture de cette chapelle, en 1790, durent être transportés à l'église, devaient s'en trouver six, donnés le 8 juillet 1658, par un chanoine du nom de Jaminet et dont voici l'énumération : la *Présentation du Saint-Sacrement*, une *Vierge*, une *Madeleine*, un *Saint François*, un *Saint Michel*, une *Annonciation*. Deux autres, une *Tête de Christ* et une *Tête de Vierge*, avaient été donnés par le chantre le le 10 mars 1614. Nous n'avons pas trouvé de documents suffisants pour identifier toutes ces œuvres d'art; mais ceci suffit à prouver que quelques-unes d'entre elles sont très anciennes.

La *Multiplication des pains*, esquisse (toile 0^m98 × 1^m45).
    RESTOUT (JEAN), né à Rouen en 1692, académicien en 1730, mort en 1768.

Saint Augustin et Saint Gérôme (toile 0^m65 × 0^m72).
    ÉCOLE FRANÇAISE.

La *Vierge, Jésus et Saint Jean* (toile 0^m80 × 1^m).
    STELLA (attribuée à ANTOINE BOUZONNET dit), né à Lyon en 1634, élève de son oncle François Stella, académicien en 1656, mort en 1682.

La *Fuite en Egypte* (toile 0^m96 × 1^m25).
    DUFRENEY.

Saint Maur exorcisant un possédé (peinture sur bois 0^m50 × 0^m75).
    ÉCOLE FRANÇAISE.

---

(1) L'arrêté porte *pierre du XIVe siècle*. C'est une erreur déjà rectifiée au début de l'ouvrage.

Saint Sébastien, copie d'après le Guide (toile 0ᵐ55 × 0ᵐ46).
   Auteur inconnu.

Saint Maur (toile 0ᵐ45 × 0ᵐ35).
   Auteur inconnu.

Tête de Vierge, copie d'après Sasso Ferrato (toile 0ᵐ60 × 0ᵐ50).
   Auteur inconnu.

Le Christ (toile 1ᵐ25 × 1ᵐ).
   Auteur inconnu.

Autre *Tête de Vierge* (toile 0ᵐ60 × 0ᵐ50).
   Auteur inconnu.

Ex voto, donné par Michel Richard en 1820 (toile 0ᵐ90 × 0ᵐ70).
   Auteur inconnu.

Ex voto, représentant des jeunes prêtres (1) (toile 1ᵐ10 × 0ᵐ80).
   Auteur inconnu.

Saint François d'Assises.
   GÉRICAULT.

Christ en croix, copie d'après Rubens (toile 2ᵐ15 × 1ᵐ68).
   Auteur inconnu.

La Sainte Famille, copie d'après l'Albane, don de M. Mahieu, ancien maire
   (toile 0ᵐ60 × 0ᵐ48).
   Auteur inconnu.

La Vierge au Raisin, copie d'après Mignard (toile 0ᵐ72 × 0ᵐ58).
   Auteur inconnu.

L'Adoration des Bergers, classé parmi les monuments historiques
   (toile 2ᵐ20 × 1ᵐ20).
   LE VALENTIN (JEAN DE BOULLARGNE dit), né à Coulommiers en 1600, mort
   à Rouen en 1634.

La Communion de Saint François (toile 2ᵐ10 × 1ᵐ30).
   ÉCOLE FRANÇAISE.

Le Sommeil d'Élie, donné à l'église par M. Mahieu, maire de Saint-Maur,
   classé parmi les monuments historiques (toile 1ᵐ25 × 1ᵐ75).
   LAGRENÉE (LOUIS-JEAN-FRANÇOIS), né à Paris en 1724, élève de C. Van Loo,
   grand prix en 1748, académicien en 1755, mort en 1805.

Saint Sébastien, classé sur la liste des monuments historiques (toile 2ᵐ × 1ᵐ25).
   CARAVAGE (MICHEL-ANGE de), né à Caravaggi, dans le Milanais, 1569-1609.

---

(1) C'est l'*Ex voto* donné en 1830, dont nous avons indiqué l'origine au chapitre
des *Confréries*.

Le Christ descendu de la Croix, copie d'après Salviati, donné par M. Mahieu, ancien maire (toile 2ᵐ50 × 1ᵐ82).

Auteur inconnu.

Enée, évêque de Paris, portant le corps de Saint Maur au monastère des Fossés, en 868, donné par la famille de l'artiste (toile).

Gendron (Auguste), né à Paris, élève de Paul Delaroche, médaillé en 1846, 1849, 1855.

La Vierge, l'Enfant Jésus et deux saints, copie d'après Raphaël (toile 2ᵐ32 × 1ᵐ78).

Rigo (Jules-Vincent-Alfred), né à Paris, élève de L. Cogniet, médaillé en 1857, 1859, 1861, 1863.

Saint Joseph et l'Enfant Jésus (toile 1ᵐ10 × 1ᵐ40).

Auteur inconnu.

La Vierge et l'Enfant Jésus (toile 1ᵐ10 × 1ᵐ40).

Auteur inconnu.

L'Annonciation (toile 0ᵐ95 × 0ᵐ80).

Auteur inconnu.

La Samaritaine (toile 0ᵐ95 × 0ᵐ80).

Auteur inconnu.

Notre-Dame-des-Miracles, provient de l'ancienne chapelle de ce nom, classée sur la liste des monuments historiques (statue en bois).

Auteur inconnu.

Deux anges adorateurs, donnés par la fabrique en 1846 (bois sculpté).

Auteur inconnu.

Trois consoles (sanctuaire), restaurées par les soins de l'abbé Mugnier, curé de Saint-Maur (bois doré).

Ecole française, xviiᵉ siècle.

L'Annonciation (chapelle de la Vierge), donné par Mᵐᵉ Jules Louis (1) (verrière 2ᵐ30 × 0ᵐ75).

Lusson et Lefebvre (1855).

Saint Pierre, Saint Maur, Saint Paul (sanctuaire), ornements divers (verrière trilobée 2ᵐ80 × 2ᵐ75).

Lusson (1845).

Notre-Dame de Boulogne, souvenir du pélerinage de la paroisse, en 1861 Don des fidèles (verrière 1ᵐ95 × 0ᵐ63).

Lusson (1861).

La descente de la Croix (verrière).

Latteux-Bazin, à Mesnil-Saint-Firmin (Oise) (1883).

---

(1) Porte l'inscription suivante : « Donné par Mᵐᵉ Jules Louis, pour remercier Dieu du retour de son fils Henry Louis, du siège de Sébastopol, 1855 ».

Notre-Dame-des-Miracles (1) (verrière).

    LATTEUX-BAZIN, à Mesnil-Saint-Firmin (Oise) (1883).

La Sainte Famille (2) (verrière).

    LATTEUX-BAZIN, à Mesnil-Saint-Firmin (Oise) (1883).

Saint Babolein (3) (verrière).

    LATTEUX-BAZIN, à Mesnil-Saint-Firmin (Oise) (1884).

Saint Maur (4) (verrière).

    LATTEUX-BAZIN, à Mesnil-Saint-Firmin (Oise) (1884).

Saint Hilaire (5) (verrière).

    LATTEUX-BAZIN, à Mesnil-Saint-Firmin (Oise) (1884).

---

(1) Le peintre A. Grelet, notre compatriote, y groupe très heureusement — mais dans une fausse perspective — le château de Bourbon, la chapelle Notre-Dame et l'église Saint-Nicolas. Les personnages sont des membres de la famille du curé de l'époque M. Depontaillier, représenté sous les traits de l'officiant ; les deux moines sont des neveux ; le seigneur est le beau-père de l'un d'eux ; les jeunes malades sont ses nièces ; le vicaire est l'abbé Saur, mort curé de Villemonble ; la religieuse est la sœur sainte Bathilde, supérieure des sœurs du Saint-Sacrement. — C'est également cet artiste qui est l'auteur des dessins des suivants.

(2) Où le peintre A. Grelet s'est représenté sous les traits de saint Joseph.

(3) Saint Babolein est l'effigie de M. Pelgé, vicaire général de Paris, mort évêque de Poitiers.

(4) Représente le curé Depontaillier.

(5) C'est Monseigneur Guibert, archevêque de Paris à l'époque

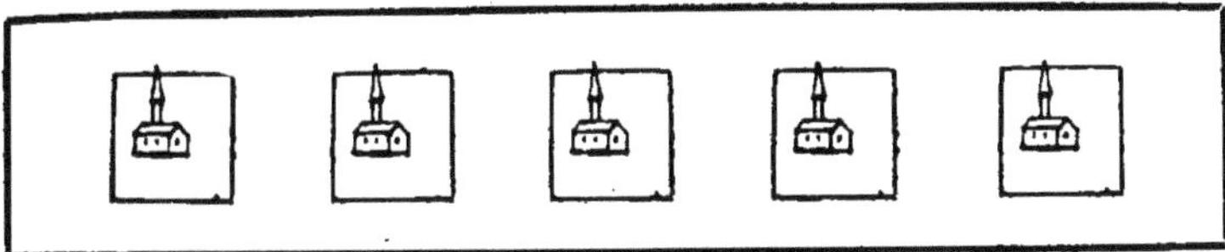

Chapitre IV

Paroisses nouvelles

Patron : Saint-François de Sales.
Fête : le 29 janvier.

Adam, Jacques-François, est le créateur du quartier d'Adam-ville. Il avait acheté 240 hectares de terrain qu'il morcela à sa guise, créant des rues auxquelles il donna les noms de ses cinq enfants : ce sont nos rues Léon, Lucie, Joséphine, Aline, Léonie. Le 21 novembre 1847, Adam annonçait au conseil municipal qu'il avait déjà quatre-vingt-cinq propriétaires sur son terrain.

**Saint-François
d'Adamville.**

Des sociétés de lotissement, notamment l'*Incomparable* et la *Désirée*, mirent des terrains à la portée des petits propriétaires, et la population de ce coin du pays augmenta rapidement. Adam qui avait entrevu la création rapide d'un quartier popu-leux fit bâtir la chapelle. Une inscription indique qu'elle fut édifiée par Jacques-François Adam, en 1853. F. Vigneulle en fut l'architecte. C'est le 12 juin de la même année que, Monseigneur Marie-Dominique-Auguste Sibour étant arche-vêque de Paris, cette chapelle fut bénite par M. l'abbé de la Bouillerie, vicaire général du diocèse, et plus tard, évêque de Carcassonne.

Cette église bâtie en meulière, est de style roman. La nef est voûtée en berceau, et terminée par une abside demi-circulaire éclairée par trois fenêtres.

Un porche, élevé en 1918, et sur lequel un clocher va être édifié, en précède l'entrée. Dans ce clocher d'une hauteur de trente mètres seront logées trois grosses cloches dont les noms et le ton sont déjà choisis. La *Marguerite-Marie* donnera le *sol,* la *Jeanne-d'Arc* le *si,* la *Geneviève* le *ré.*

Sur les quatre faces du clocher, des ouvertures circulaires seront ménagées pour recevoir les cadrans d'une future horloge qui rendra de réels services au quartier lorsque les ressources auront permis son installation.

Une surprise était réservée aux amis de l'église à la descente de l'ancienne cloche, par l'entrepreneur chargé des travaux du clocher. Cette cloche, si familière aux vieux habitants du quartier d'Adamville, dans son humble campanile, et qu'on croyait sans histoire, porte le millésime 1698. Le reste de l'inscription a été enlevé au ciseau et la même main inhabile a buriné dans le métal un bonnet phrygien. Cette cloche a donc subi les effets du vandalisme révolutionnaire.

Mais d'où vient-elle ? Nous sommes tenté de croire qu'elle a été donnée au fondateur de la chapelle en 1853, par la fabrique de Saint-Nicolas qui l'aurait reçue en 1793, de l'église Saint-Hilaire de La Varenne, lors de la désaffectation de cette dernière.

L'église renferme le tombeau en marbre blanc du fondateur du quartier par Duret ; c'est une œuvre de bonne facture.

On lit, sur ce tombeau, les deux inscriptions suivantes.

Devant :

« Ici repose :

« Jacques-François Adam, mort à Paris le 15 septembre 1862 à l'âge de 65 ans. — Vertueux autant que sage, Dieu l'a pris dans le repos de l'âme ».

A la face postérieure :

« Ici repose :

« Auprès de son époux bien aimé, Joséphine Feuillet, femme Adam, morte le 24 février 1887 à l'âge de 86 ans 1/2 ».

En 1902, la famille demanda l'autorisation d'y ajouter deux chapelles. Plus tard, l'église étant devenue absolument insuffisante, on songea à la remplacer par une autre construite sur un terrain voisin, servant au patronage. Cette résolution était dictée par le souci de donner une plus grande église à la population croissante d'Adamville et par la nécessité d'abandonner l'ancienne devant le refus de la famille Adam propriétaire, de consentir au déplacement du tombeau de son auteur qui tient une place considérable dans l'édifice.

La chapelle a été érigée en église paroissiale le 23 juin 1907, jour de la cérémonie solennelle de l'installation de M. l'abbé Martin, premier curé, par M. Lefebvre, archidiacre de Paris.

En 1917-1918, l'église a été agrandie par l'adjonction de deux bas-côtés (1), mais cet agrandissement n'est qu'une partie d'un plan qui comporte la reconstruction du chœur et de la sacristie.

On remarque dans l'église un monument aux morts de la guerre de 1914-1918. Sur deux plaques de marbre se lisent les noms de tous les soldats de la paroisse morts pour la France, tandis qu'une Vierge douloureuse soutient le Christ descendu de la croix. Cette œuvre fait honneur à l'artiste qui l'a exécutée et au curé qui a su symboliser ainsi l'hommage dû à nos glorieux soldats et à la douleur de tant de mères.

Patron : Saint-Hilaire, évêque de Poitiers
Fête : le 14 janvier.

On a vu comment avait été supprimée la très ancienne paroisse Saint-Hilaire. Mais le mouvement de la population

Saint-Hilaire de La Varenne.

du quartier, rendit bientôt nécessaire l'édification d'une chapelle de secours pour donner satisfaction aux justes plaintes des habitants qui se trouvaient éloignés de cinq kilomètres de l'église paroissiale.

Vers 1860, le plus grand propriétaire de La Varenne, Caffin dit d'Orsigny, éleva à ses frais l'église actuelle, prenant à sa charge tous les frais du culte (2).

A plusieurs reprises, il fut question d'ériger cette chapelle en paroisse, le casuel étant suffisant pour l'entretien du curé et les inconvénients de l'éloignement de l'église paroissiale ajoutant une seconde raison, que les plaintes continuelles des habitants rendaient de plus en plus urgente.

Cette question fut portée au sein du conseil municipal qui examina le projet de traité entre la fabrique et les héritiers Caffin. Le 28 décembre 1875, sur la proposition de Piérart (3)

---

(1) Par Guillemot, architecte à Bois-Colombes.

(2) Il fut fait chevalier de la Légion d'honneur par décret du 4 avril 1863 avec cette mention : « A rendu des services signalés à la population de Saint-Hilaire-La-Varenne en dotant à ses frais ce village de nombreux établissements d'utilité publique (chapelle, presbytère, écoles) ».

(3) Auteur d'une *Histoire de Saint-Maur et de ses environs*, 1886.

le conseil, jugeant que la commune manque de ressources et ne peut accepter les charges qu'entraîneraient la constitution d'une nouvelle paroisse, passe à l'ordre du jour.

Cependant l'abbé Delpy, premier chapelain de Saint-Hilaire, faisait signer, en 1876, une pétition qui recueillit plus de 700 signatures. Monseigneur d'Hulst, archidiacre de Paris, après s'être transporté sur les lieux, avait reconnu la nécessité d'une nouvelle paroisse. De son côté, un comité ayant à sa tête MM. Alphonse des Combes, Louis Leguay, architecte et archéologue distingué et Nicaise, dit de Budé, poursuivait avec la famille Caffin les négociations en vue de l'achat de l'édifice pour 40.000 francs, payables en cinquante années, avec 5 % d'intérêt.

Le conseil de fabrique dans sa délibération du 8 janvier 1878, décida l'acquisition de ladite chapelle. Le curé Depontaillier demanda en vain l'autorisation nécessaire. En attendant l'exécution de ce projet, la fabrique payait aux héritiers propriétaires un loyer de 800 francs et ne percevait pas le produit des chaises.

Le conseil municipal consulté encore une fois, le 13 août 1877, avait émis un avis défavorable, disant que « cette affaire ne l'intéressait à aucun degré » et passait à l'ordre du jour. Il reconnaissait cependant qu'il serait nécessaire dans un temps très rapproché de créer une paroisse unique et centrale au lieudit le Parc, pour donner satisfaction aux habitants des parties éloignées de la commune.

Enfin le 15 mai 1878, une nouvelle fois, il réitère son refus ainsi motivé : « ...pour ne pas se mettre dans la nécessité de pourvoir avec les deniers communaux, au déficit qui pourrait se produire, à un moment donné dans le budget fabricien ». Cependant le prix demandé par les héritiers Caffin était descendu de 70.000 à 16.000 francs.

Les héritiers de Caffin l'ont cédée à la fabrique de Saint-Nicolas moyennant une indemnité de 16.000 francs. Desservie d'abord par l'abbé Delpy, ancien supérieur du séminaire de Périgueux, et aux frais de Caffin, elle est devenue le siège d'une nouvelle paroisse, par ordonnance de Monseigneur le cardinal Richard, en date du 23 juin 1907. Son premier curé fut *l'abbé Deshayes*, ancien vicaire de Saint-Laurent.

M. l'abbé Drouot, ancien premier vicaire de Saint-Merri, lui a succédé, a été installé le 22 octobre 1923 par Monseigneur Odelin, vicaire général de Paris.

Les limites de cette paroisse sont, en partant du pont de Bonneuil, les avenues de l'Alma, Louis-Blanc, du Bac jusqu'à l'avenue Didier, les avenues Didier, de Saint-Maur et la Marne.

L'inventaire des œuvres d'art de cette église ne porte pas des œuvres bien remarquables ou classées comme celui de l'église Saint-Nicolas. On y relève comme tableaux, presque tous achetés par la fabrique :

L'Adoration des Mages ;
La Vierge et l'Enfant Jésus ;
La Cène ;
Ascension ;
Assomption ;
Sainte Marguerite ;
Saint Alfred (1) ;
Sainte Anne ;
Saint Amédée (1) ;
Sainte Zoé (1).

Dans les niches de l'extérieur, on remarque les statues de deux évangélistes :

Saint Marc ;
Saint Luc.

Un porche à l'entrée, représente le narthex des églises primitives.

Les fonts baptismaux sont en fonte avec ornements de feuillage.

Les vitraux, d'une belle facture, sortent de la maison Bitterlin, 50, avenue de l'Ouest, Paris, et datent de 1861. Ils représentent, de gauche à droite en entrant, *Saint Louis, La Charité, Saint Pierre, Le Bon Pasteur, Sainte Félicité, Saint Henri, La Reine des Vierges, Saint Hilaire, La Foi, L'Espérance.*

La cloche est sans histoire ; elle porte la date de 1866, une croix en relief, mais pas d'inscription.

Le style de l'église est un mélange indécis de roman et de gothique. Elle possède une abside demi-cylindrique, éclairée par un demi-cercle au centre de la calotte demi-

____

(1) En hommage à des membres de la famille Caffin, sans doute. Alfred Caffin habitait 32, boulevard Beaumarchais ; Amédée Caffin, à La Varenne ; Mme veuve Dezaux, née Zoé Caffin, à La Varenne.

sphérique qui la couronne. Une sorte de transept, présente deux petites chapelles, placées à la limite du chœur. Le presbystère, avec un jardin, est sur le prolongement de sa façade.

L'église est celle de l'ancien village de La Varenne, bâtie par Caffin, et qui n'a subi ni transformation, ni embellissements importants. Devenue trop petite, elle est en même temps peu digne d'une population aussi riche et aussi pratiquante que celle de La Varenne.

Patronne : Notre-Dame du Rosaire.
Fête : le 1ᵉʳ dimanche d'octobre.

On sait que, pour tenir compte des justes doléances des habitants, la mairie, qui se trouvait au vieux Saint-Maur, fut érigée, en 1876, sur un point plus central du pays. L'église paroissiale aussi se trouvait au bout du territoire communal et pour les mêmes motifs la fabrique et le curé conçurent le projet d'élever la chapelle du Parc, qui dans l'esprit des promoteurs devait remplacer la vieille église Saint-Nicolas insuffisante et trop éloignée.

Notre-Dame du Rosaire du Parc.

Les deux chapelles de secours d'Adamville et de La Varenne rendaient bien quelques services, notamment pour les offices des dimanches et fêtes, mais les cérémonies les plus importantes de la vie religieuse, baptêmes, mariages, inhumations, ne pouvaient avoir lieu qu'à l'église paroissiale distante de plusieurs kilomètres des habitations des fidèles.

Un comité se forma ayant à sa tête le curé de Saint-Maur, l'abbé Beuscher, mais ce comité n'ayant pas de personnalité civile, ce fut la fabrique qui, effectivement se chargea de l'administration légale de la souscription, laissant cependant à la Compagnie de l'Est, propriétaire du Parc, la direction technique des travaux. Celle-ci s'engagea à payer une somme égale aux souscriptions recueillies et à prendre à sa charge les frais de direction des travaux.

Le 31 octobre 1885, elle cédait à la fabrique deux terrains pour l'église et le presbytère, l'un d'une contenance de 2.510 mq. 87, l'autre de 1.282 mq. 37.

Les plans furent dressés par l'architecte Albrizio, un spécialiste des monuments religieux qui avait restauré bon nombre d'églises du département de la Seine et construit elle de Saint-Mandé. Le devis se montait à 400.000 francs ans le clocher et à 625.000 francs environ avec le clocher

Eglise du Parc (clocher projeté)

et tout le mobilier nécessaire. C'était une forte somme, mais, malgré la fortune des fidèles, malgré des appels réitérés, l'édifice n'a pu être achevé.

Les travaux commencèrent en 1886 et le 29 mai de la même année, les fondations de l'église terminées, la première pierre en fut posée par Monseigneur di Rende, archevêque de Bénévent, nonce apostolique à Paris, plus tard cardinal.

A l'aide des fortes souscriptions recueillies, l'abside, le chœur et le transept étaient achevés à la date du 25 mai 1894 ; ces travaux avaient coûté 211.405 fr. 60. En 1897, la chapelle fut allongée de trois autres travées par M. Alexandre Paquet, entrepreneur de maçonnerie à Saint-Maur, Mais déjà le culte était autorisé dans la partie achevée, par décret en date du 31 janvier 1896, signé Félix Faure ; contresigné par Combes « et sous la surveillance du desservant de Saint-Maur, chef-lieu paroissial ».

L'édifice est du style roman auvergnat ; il sera du plus bel effet lorsque le clocher qui doit surmonter le porche d'entrée sera édifié.

La loi de séparation en rendant leur liberté aux deux contractants du Concordat, a permis d'ériger la chapelle en église et de créer autour d'elle une nouvelle paroisse par ordonnance de Monseigneur le cardinal Richard en date du 23 juin 1907.

A l'heure où nous écrivons, trois curés ont passé à la cure de l'église du Parc :

M. l'abbé de Villèle, vicaire de Saint-Honoré d'Eylau, installé le 22 juin 1907 ;

M. l'abbé Fénéon, vicaire de Saint-Jean-Baptiste de la Salle, installé le 19 novembre 1916 ;

M. l'abbé Pillet, vicaire de Saint-Pierre de Montmartre, installé le 21 janvier 1923.

Église du Parc inachevée
(Voy. p. 158)

Église d'Adamville, avant son agrandissement
(V. p. 153)

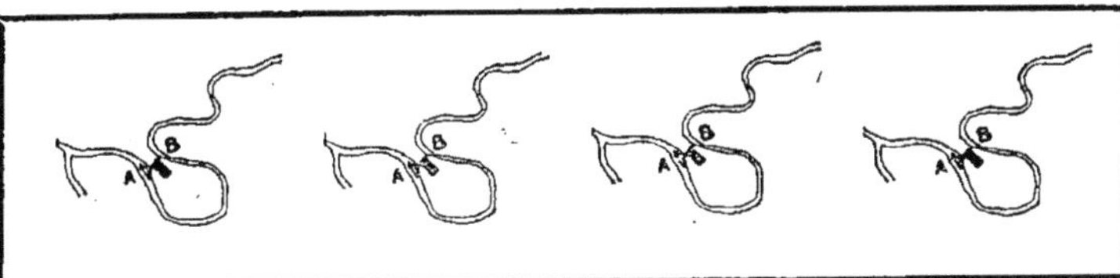

Éloge de Saint=Maur

Le petit village, qui comptait au début du XIXe siècle environ 5oo habitants, a reconquis la gloire d'attirer à lui les riches bourgeois parisiens dans un décor unique et charmant qui en fait plus encore qu'autrefois ce « *paradis d'aménité, de salubrité, de délices* » célébré par l'immortel Rabelais, chanté par Michel de l'Hospital, Ronsard, Chaulieu, La Fare, etc.

Catherine de Médicis avait bien senti le puissant attrait de son site, lorsqu'elle en fit sa résidence en disant : «... *duquel lieu avons delabor embelli le seiour favorisant ce que desia nature y a mis de plaisante assiette en espérant de y faire doresnavant le plus de demeure que les affaires le nous permettront* ».

Michel de l'Hospital, écrivant à Jean du Bellay, en ambassade à Rome, lui en faisait un tableau idyllique et un magnifique éloge pour l'inviter à y revenir.

« ...Il oublie Paris, son château de Saint-Maur, ces bois plantés de ses mains, ces jardins consacrés par lui au Dieu de Lampsaque (1), cette rivière qui se replie sur la gauche de son parc, cette vue superbe sur la colline en amphithéâtre et sur les campagnes voisines, toutes les merveilles enfin de ce lieu enchanteur...

« ...Dans ce pays de délices où la Marne sépare les Belges des Celtes en coulant autour du bois de Vincennes, jusqu'à votre Saint-Maur si fameux par ses murs et par la religion qu'imprime

---

(1) Priape, fils de Bacchus, dieu de la Troade, personnification de la fécondité.

ce lieu ; jusqu'à ce temple (château) autour duquel elle se replie en détours tortueux, ce temple où le bel Apollon préside accompagné des muses et du troupeau sacré qui vous regarde comme son maître ; jusqu'à cet endroit où après avoir décrit un cercle, elle forme un isthme délicieux et part ensuite, suit les traces du soleil qui va se plonger dans l'onde, et se jette enfin sur la gauche dans des eaux plus nobles, pour entrer sans gloire dans la première ville de France (1) ».

Nous n'ajouterons rien à tant de lyrisme, Saint-Maur est encore aujourd'hui un pays enchanteur où de nombreux Parisiens se fixent ou villégiaturent, attirés par son site merveilleux et retenus par les agréments de son tour de Marne.

Tel est le bref historique des paroisses, anciennes et modernes, que nous nous sommes donné la tâche d'écrire pour faire connaître et aimer davantage notre antique et glorieuse cité de Saint-Maur-des-Fossés.

---

(1) Épitre à Jean du Bellay, Éloge de Saint-Maur.

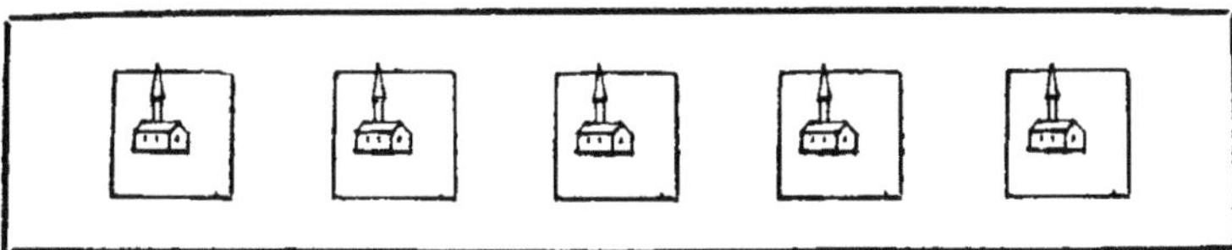

TABLE DES MATIÈRES

TABLE DES GRAVURES

MONTÉVRAIN. — IMPRIMERIE
DE L'ÉCOLE D'ALEMBERT

CHAMPION (PIERRE). **Le procès de condamnation de Jeanne d'Arc.** Texte et traduction. Notes et appendices. 1921, 2 volumes in-8, xxxii-416 et cx-452 pages et 9 planches en phototypie. Les 2 volumes ensemble . **50 fr.**
> Il a été tiré 50 exemplaires sur Hollande à 200 francs.

LEBŒUF (L'ABBÉ). **Histoire de la ville et du diocèse de Paris.** Nouvelle édition publiée par Augier, 5 volumes grand in-8 et 1 volume de tables. . . . . **60 fr.**
Volume complémentaire par F. BOURNON. In-8 . . . . **37 fr. 50**

MENTIENNE. **Histoire de Bry-sur-Marne,** des temps préhistoriques au xxᵉ siècle. 1916, in-8 de 610 pages, broché ; frontispice, nombreux plans et figures . . . . **15 fr.**

MENTIENNE. **La découverte de la photographie en 1839. Description du procédé faite aux Chambres législatives par Daguerre, inventeur.** 1892, in-8 . . . . **7 fr. 50**

MENTIENNE. **Memorandum ou guide nécessaire à ceux qui voudront écrire les monographies des communes du département de la Seine.** 1899, in-12 . . . . **5 fr. 25**
> Bibliographie des documents manuscrits et imprimés.

MENTIENNE. **Les souvenirs anciens de Villiers-sur-Marne près Paris.** 1903, in-8 . . . . **3 fr.**

MENTIENNE. **Les vieilles maisons de Corbeil. Le couvent des Récollets.** 1907, in-8, pl. . . . . **3 fr.**

MENTIENNE. **Le fief de la Grange-Batelière de l'an 1200 à 1847. Les grands domaines de l'ancien Paris.** 1910, in-8, carte . . . **3 fr. 75**

MOUTON (L.). **Le quai Malaquais. Le numéro Un.** 1920, in-8 de 35 pages . . . . **2 fr. 50**

MOUTON (L.). **Le quai Malaquais. Le numéro Cinq.** 1921, in-8 de 54 pages, avec 7 planches en phototypie Longuet et une vignette en couleurs . . . . **7 fr. 50**

MOUTON (L.). **Un coin du Pré-aux-Clercs. Le manoir de Jean Bouyn et l'École des Beaux-Arts.** 1921, in-8, 7 planches et 7 figures . **7 fr. 50**

PANNIER. **Église Réformée de Paris sous Louis XIII.** 1921, in-8 de 900 pages et 32 planches. . . . . **50 fr.**

ROCHEGUDE (MARQUIS DE) et MAURICE DUMOLIN. **Guide pratique à travers le vieux Paris.** Nouvelle édition entièrement refondue avec 60 croquis. (Sous presse).

SELLIER (C.). **Anciens hôtels de Paris.** 1909, fort volume in-8 . . **15 fr.**

VAILLAT (L.). **Paysages de Paris.** In-8 de 143 pages avec 66 dessins à la plume. Cartonnage imitant la toile de Jouy, avec la devise *Restons toujours* . . . . **10 fr.**
> Le plus délicieux des guides, dédié par l'auteur « à une Américaine qui lui avait demandé de lui montrer Paris ».

Société de l'histoire de Paris et de l'Ile de France. Cotisation annuelle : **15 fr. 25**; cotisation de membre perpétuel . . . . **150 fr.**

www.ingramcontent.com/pod-product-compliance
Ingram Content Group UK Ltd.
Pitfield, Milton Keynes, MK11 3LW, UK
UKHW022016170726
13837UKWH00001B/227